超テニス観戦術

（公財）日本テニス協会公認S級エリートコーチ
神谷勝則 著

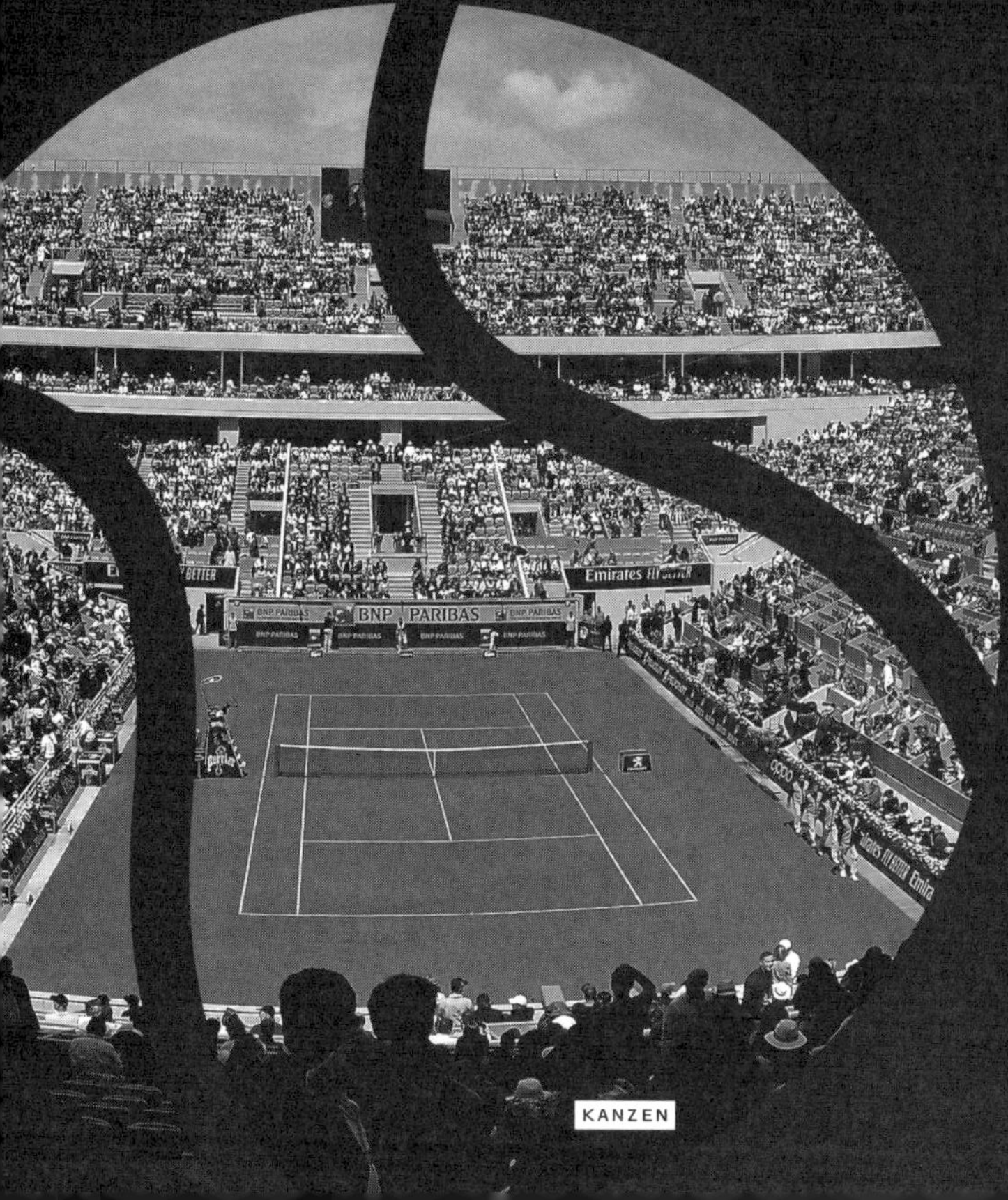

KANZEN

はじめに

世界を転戦するトッププロはたいていコーチを帯同しています。こういった選手と一緒に世界を巡るコーチは、一般に「ツアーコーチ」と呼ばれています。

コーチと言えば、普通は「上達させること」が仕事ですが、すでに高いスキルを持っているトッププロたちに「できないこと」などほとんどありません。バックハンドがうまく打てないからコーチを雇う……そんなことはまずないのです。それでは「なぜ」彼らはコーチを必要とするのでしょう?

ツアーコーチの最大の目標は、何と言っても選手を「勝たせること」です。そのためには、もちろんオンコートでの練習も行うし、オフコートでのケアも欠かせません。そしてもうひとつ重要な仕事があります。それが選手と一緒になって「戦術を練ること」です。

戦術を練るためには、敵を知らねばなりません。そのために大切になるのが敵情視察、つまり観戦です。大会の試合コートを注意深く見渡せば、真剣に試合を見つめている色黒の人を発見することでしょう。手元にはメモやipadがあるかもしれません。

そういった人たちは間違いなくツアーコーチです。選手を勝たせるために試合を注視する彼らは、「観戦のプロ」でもあるのです。

現地での観戦でも、テレビ観戦でも構いませんが、たった一つのテーマを持って見るだけで、テニスの試合は別の顔を見せます。例えば、数ゲームは「脚の動きだけ」を見てください。選手たちは驚くほど細かく・速く、脚を動かしていることを発見します。さらに、注意深く観察すると、強い選手のほうが良いフットワークをしているのが素人目にもわかります。

本書では、テニスの魅力をより深く知るための「観戦術」を中心に紹介しています。これは、見るプロであるツアーコーチたちの視点を含んだものです。もちろん、選手の顔やボールを打っている姿を見るだけでも十分楽しめますが、それにプラスアルファの楽しさを加味してくれるのが、本書の内容です。テニスをさらに楽しむ一助となれば幸いです。

目次

第1章

テニス観戦の手引き

チケットを買うとしたらお勧めの曜日は？

テニスを現地で観戦する際のチェック項目をまず紹介しておきましょう。失敗せずに観戦するためにはテニスのスケジュールを押さえておく必要があります。まずチェックしてほしいのはドローのサイズです。

１週間開催の楽天ジャパンオープンの場合→32ドロー

２週間開催のグランドスラム大会の場合→１２８ドロー

ドローサイズは大会のグレードによって変わりますが、ジャパンオープンとグランドスラム大会の例で説明していきましょう。

ドローとは対戦表（トーナメント表）のことです。このドローは16選手からなるピースから成り立っています。32ドローのジャパンオープンなら2ピース。ドロー表の一番上が第１シードで、一番下に第２シードが入ります。同じようにグランドスラム大会は128ドローで8つのピースから成り立っています。

32ドローの大会と128ドローの大会でもっとも違うのは開催日程です。32ドローのジャパンオープンは1週間で、128ドローのグランドスラム大会は2週間の開催日程になっています。大会は基本的にトーナメント制で行われるので、前半戦は試合数が多く、後半戦は試合数が少なくなっていきます。そういう特色があるので、いろんな選手を見たいと思ったら前半戦のチケットを買い求め、強くて名前のある選手の試合を見ようと思ったら後半戦のチケットを買い求めることになります。

私がチケット購入でお勧めするのは、前半戦です（32ドローの大会と仮定して）。とくに1ラウンド目、2ラウンド目が行われる週の前半（月・火・水）が狙い目です。どんなビッグネームの選手でも2回戦にはかならず登場します。また、当日は試合に入っていなかったとしても練習は行っているので、会場に居さえすればお目当ての選手を見ることができるかもしれません。それにアウトコート（スタジアム以外のコート）ではたくさんの試合が行われているので、お気に入りの選手を発見できるかもしれません。前半戦なら、一日中飽きることなくテニス観戦を楽しめると思います。

また、一週間で一番濃い試合が見られるのが金曜日の試合です。32ドローの大会で、

写真１：OP（オーダー・オブ・プレー）

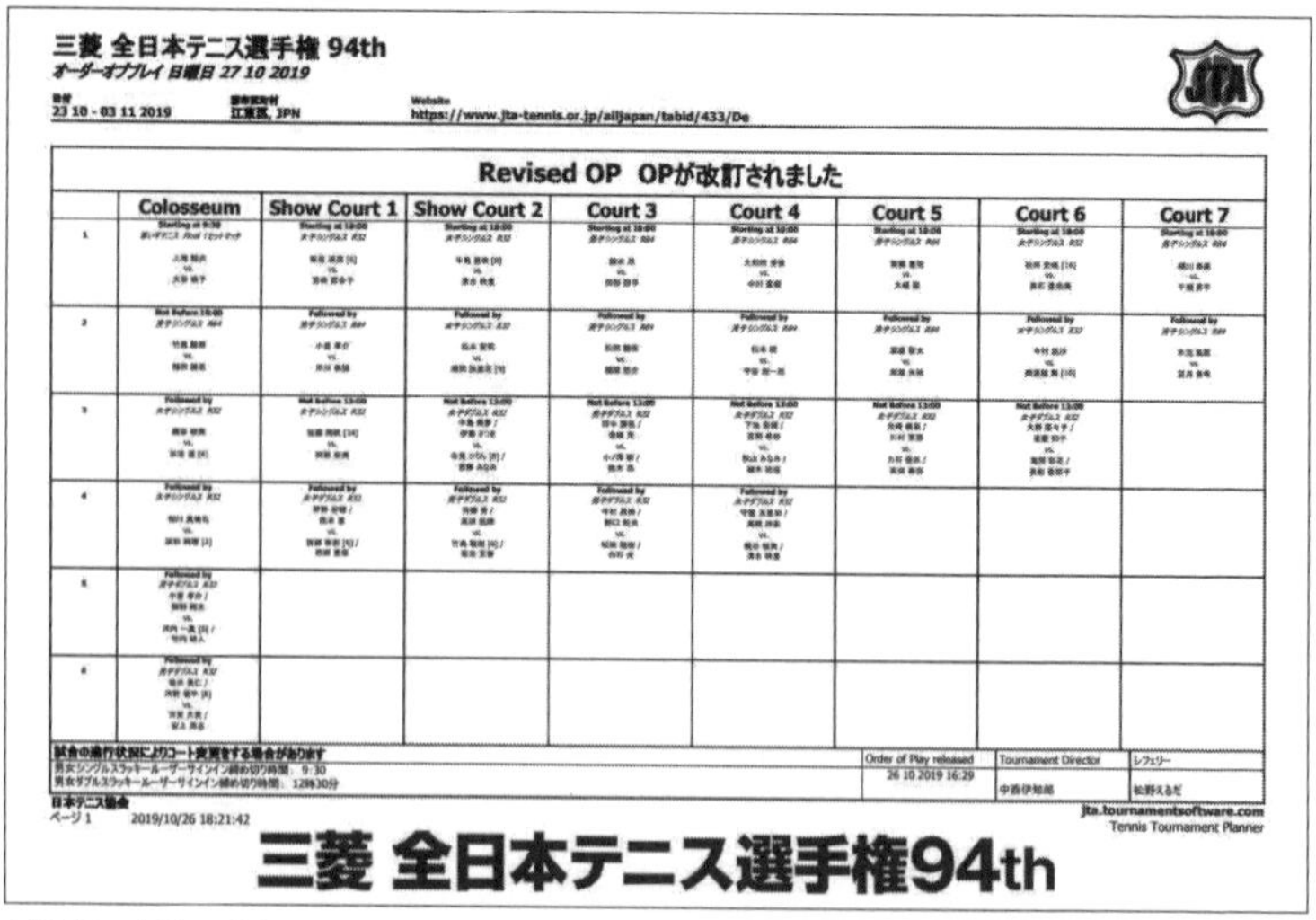

対戦者の名前、試合コートの番号、試合の開始時間が記されたのがオーダー・オブ・プレー。気をつけなくてはいけないのは第２試合以降。試合の開始時間は第１試合の進行次第となるので、時間の読みが難しい。

日本テニス協会 HP より
https://www.jta-tennis.or.jp/tabid/433/Default.aspx

雨もなく順調な進行なら金曜日に行われるのは準々決勝です。つまりベスト8に勝ち残った選手たちが戦う4試合が組まれることになります。もちろん、土曜日の準決勝2試合、日曜日の決勝を選択しても十分楽しめます。仕事など週末しか休めない人なら仕方ありませんが、もし平日に休みを取れる人ならば金曜日の観戦をお勧めします。

チケットを購入したら次に行うのは当日の試合スケジュール確認です。これを確認するためにはOPを見ることになります。OPとは「オーダー・オブ・プレー」のことで、通常は前日の夜に大会の公式ホームページ上にアップされます。この

OP(写真1参照)には、翌日の対戦情報が掲載されているので、それを見て当日の過ごし方をあれこれ巡らせます。これも楽しいひとときです。

神谷コラム

安いチケットでもフェデラーを見られる

「先日上海マスターズを観戦に行ったのですが、そこでは『○○番の練習コートに誰々が何時から入る』というインフォメーションサービスがありました。私は試合と同様に選手の練習にも興味があるので、練習コートにずっといたわけです。すると5番コートの名前欄だけ空欄になっているのです。名前がないということはそこにビッグネームの練習が入っているということ。事前にわかってしまうと収拾がつかなくなるからです。きっと誰かが来るだろうと5番コートで張っていたら、何とフェデラーがやってきたのです。世界トップのプレーを一番身近に見ることができました。ここでお伝えしたいことは、この練習は一番安いチケット(センターコートなどには入れない)で観戦可能。日曜日の決勝のチケットが1万円とすればその10分の1の金額でティエムやフェデラーを見ることができるわけです。そうした楽しみ方もあるのです」

初めての観戦はどうする？テニスがわかっている人と一緒に行くのがお勧め

最近は、元選手の「〇〇と行く〇〇ツアー」という観戦旅行が大人気と聞きます。テニスファンなら一度は行ってみたいと思うのがグランドスラム大会ですし、そうしたテニス絡みの海外旅行に元選手が同行していたら、まさに夢のような時間を過ごせることでしょう。人気があるのはわかります。

初めてのテニス観戦なら、一人で行くより、テニスがわかっている人と一緒に行った方が100倍楽しめます。初めて海外に行くときに『地球の歩き方』のようなガイド本が必要なように、初めてテニス会場に行くのなら『会場の歩き方』を知っている人がほしいところ。

とくに外のコートを回るときやスタジアムコートの移動などは、慣れていないと迷惑をかけたり、無駄に時間を使うことになりかねません。例えば外のコートでいえば、動いてはいけないタイミングがあり、そうしたマナーを知っていないとプレーを止めてしまうことがあります。また、スタジアムコートだと、立ってはいけないタイミングでトイレに向かったりすると、再入場できなくて一番盛り上がる場面を見逃したりします。テニスを知っている人が一緒にいればそんなミスを犯さなくて済みます。

神谷コラム

移動できるタイミングは？

「有明コロシアムでは入場ゲートで立ち見しているお客さんをよく見受けます。観客席があるコートでの移動は偶数ゲームが終わったときに限られていて、これに慣れないと良い場面を見損なったりします。例えば4－4のゲームが終わってトイレに行ったとします。すると次に入れるのは5－5のゲームが終わったときか、もしくは6－4、4－6でセットが終わったときになります。実際は盛り上がった4－4終了時に席を立つことなんてできないと思いますが、一度席を立ったら2ゲームは戻れないということを頭に入れておかなければいけません。『たったの2ゲーム』と思うかもしれませんが、ロングゲームになれば2ゲームだけで10分を越えることだって珍しくありません。せっかく席があるのに、盛り上がった場面をゲートの外から眺めるなんてことにならないようにしましょう！」

テニスはどこから見たら面白いのか？
テニス通が見ているのは斜めから

日本テニスのメッカといえば有明コロシアムです。ＵＳオープンなどのグランドスラム大会も有明コロシアムも基本的には同じですが、テニスの会場というのはすり鉢状になっています。テニス界で一番大きなスタジアムを持つＵＳオープンの会場は収容人数が何と約２３０００人。有明コロシアムも１００００人を超える観客を収容できます。

そんな大きな会場で戦うのはシングルスならたったの２人。ダブルスでも４人。２人の戦いを２３０００人の大観衆が見つめているのです。テニスって最高に贅沢な競技でもあるわけです。

まあ、それは脇に置いておくとして、もし、あなたが有明コロシアムでテニスを見るとしたらどこから見たいですか？ 観戦する場所によってテニスの見え方は変わってきます。それぞれの観戦位置から何が見て取れるのか？　どこに注目すれば良いのかを考えてみることにしましょう。

基本的に見る場所は、コートをヨコ位置から見るか、タテ位置から見るか、のどちらかということになります。また、近くて低い位置から見るのか（チケット代高い）、遠くて高い位置で見るのか（チケット代安い）、という選択も考えられます。

また、その他に、ナナメ位置からの観戦という手もあります。試合のときにコーチや関係者が陣取っているのがこのポジションです。

タテ位置の低い場所から見る

タテ位置で低い場所からは、打球のコースとボールの弾道がよく見えます。また、ボールがバウンドしてからの変化が一番見やすいのもこのポジションでしょう。

見づらい点としては、手前の選手が打ったボールが相手コートのどこに落ちたのかなど、ボールの深さはわかりづらいのがこの席のデメリットとなる点です。

ただし、臨場感は抜群、選手の息づかいやボールがヒットする音、シューズが発するスキッド音などを感じることができます。

ヨコ位置の低い場所から見る

この位置からはボールの軌道、回転によるボールの変化がよく見られます。もし、このポジションのチケットを買うのなら審判台の反対側をお勧めします。審判台に被って選手の動きが見づらいことがあるからです。

この席も選手の息づかいが伝わってきて臨場感抜群ですが、一本ごとに首を左右に振らなければいけないのが欠点。長い試合になると軽く2時間を超えてしまいます。2時間の首振りは結構疲れます。

タテ位置の高い場所から見る

この位置からの観戦はテレビ画面で見ているのと同じでゲームの展開がわかりやすいと思います。2人が打ち合うボールの軌道が一番わかるのはここ。記者席が設けら

図1：すり鉢状になっているテニススタジアム

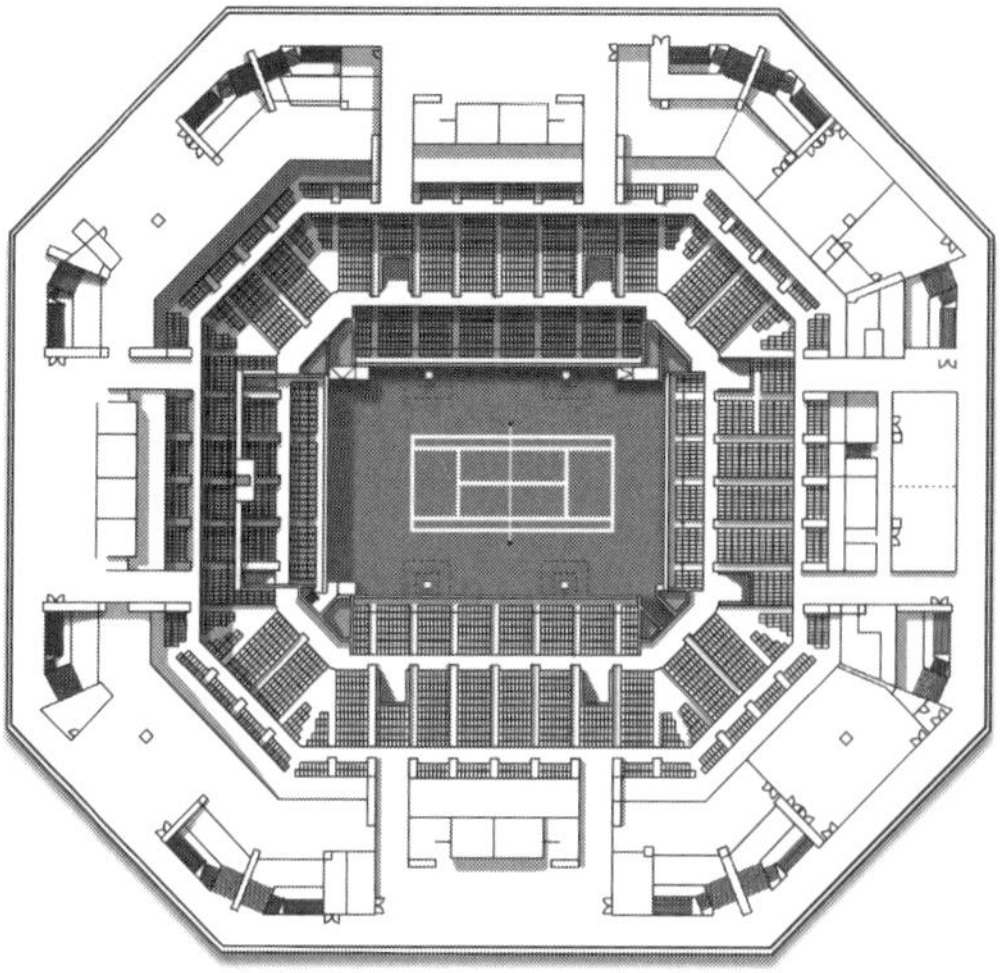

タテ位置、ヨコ位置、タテ位置高い場所、タテ位置低い場所、ヨコ位置高い場所、ヨコ位置低い場所、ナナメ位置、様々な角度から観戦するにも一長一短がある。

れているのもこの場所です。

『こう来たら、こう返そう！』なんてイメージングしながら試合を見ることができます。初めてテニスの会場に行くのならこの席は値段も安いしお勧めかもしれません。

ヨコ位置の高い場所から見る

打ったボールの長短や選手が前後に動くときの機動力、ポジショニングがわかりやすいのがこの位置です。

選手はどういうときにネットダッシュしているのか、どのポジションでスプリットステップしてボールを待つのかなど、テニスをやっている人なら面白い発見があると思います。

また、高い位置から俯瞰で見るので首を振る角度も少なく、楽に観戦することができます。

ナナメ位置から見る

ナナメ位置は、タテとヨコの良いところ取りができるポジションです。私が思う観戦のベストポジションは、少し高い場所のナナメ位置。ここから観戦すると手前の選手も相手の選手も見ることができます。

また、コーチたちの動きやアクションまで見ることができて、それはそれで興味深い試合観戦となることでしょう。選手とコーチが目線を頻繁に交わしているなんてこともわかるのではないでしょうか？

神谷コラム

審判は何人いるか知っていますか？

「写真は、全日本選手権の決勝戦です。ここに、審判と呼ばれる人が何人いるかわかりますか？ 正解は、何と10人。内訳は、主審（1名）、縦のラインジャッジ（3名×2）、横のラインジャッジ（3名）。たった2人のプレイヤーが行う試合を、10人の人間でさばいているわけです。また、グランドスラムなどの国際大会では、この10人の他に、「ホークアイ」と呼ばれる、判定機まで稼働しています。それだけ、テニスのジャッジは難しいということです」

写真は井山夏生氏提供

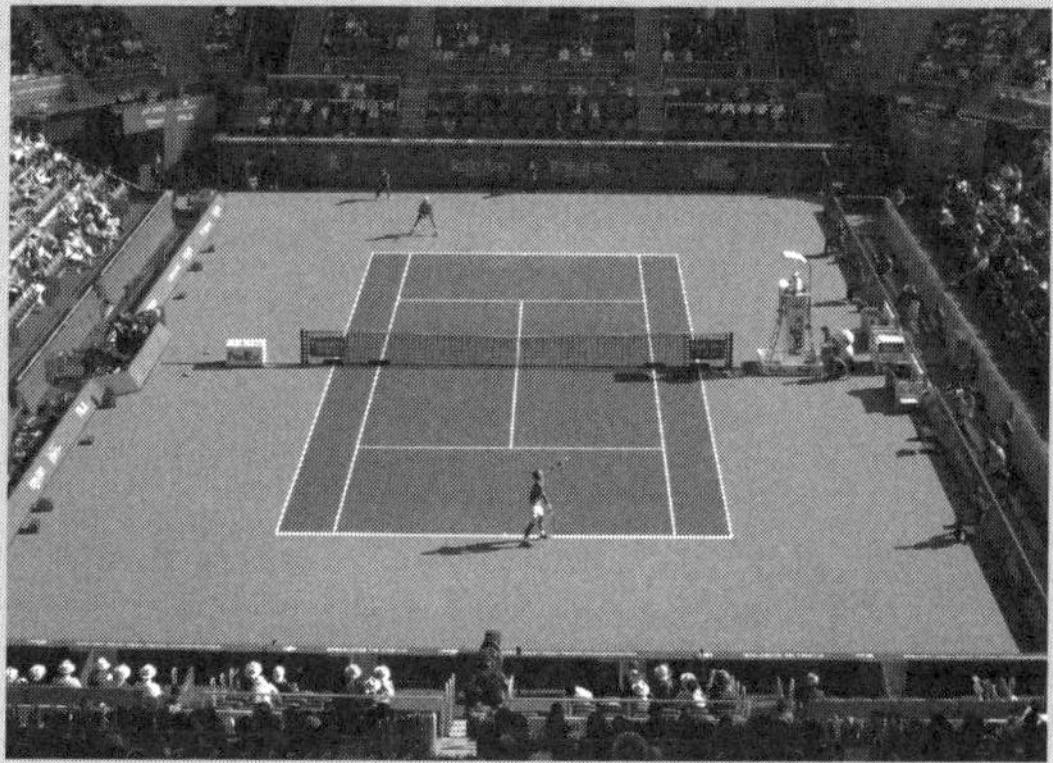

テニスコートの大きさを知っていますか?
シングルスコートは意外と縦長

テニスコートのサイズは、シングルスコートは縦23・77m、横8・23mで、ダブルスコートは縦23・77m、横10・97mです。選手たちの認識は、シングルで8m、ダブルスで11mといったところではないでしょうか。

シングルスコートよりもダブルスコートのほうが2・74m横に広く、その左右に広くなった部分は「アレー」と呼ばれています。

普段はシングルスの試合でもダブルス用のラインが入ったコートで行っているので気づきませんが、シングルスコートは図2で見るとわかるようにかなり縦長。サイドからサイドまでより、ベースラインからネットまでの方が長いのです。

コートの縦方向の両端を結ぶラインを「ベースライン」、横方向の両端を結ぶラインを「サイドライン」と呼びます。ネットから6・40mのところで、サイドラインと

図2：コートのサイズ

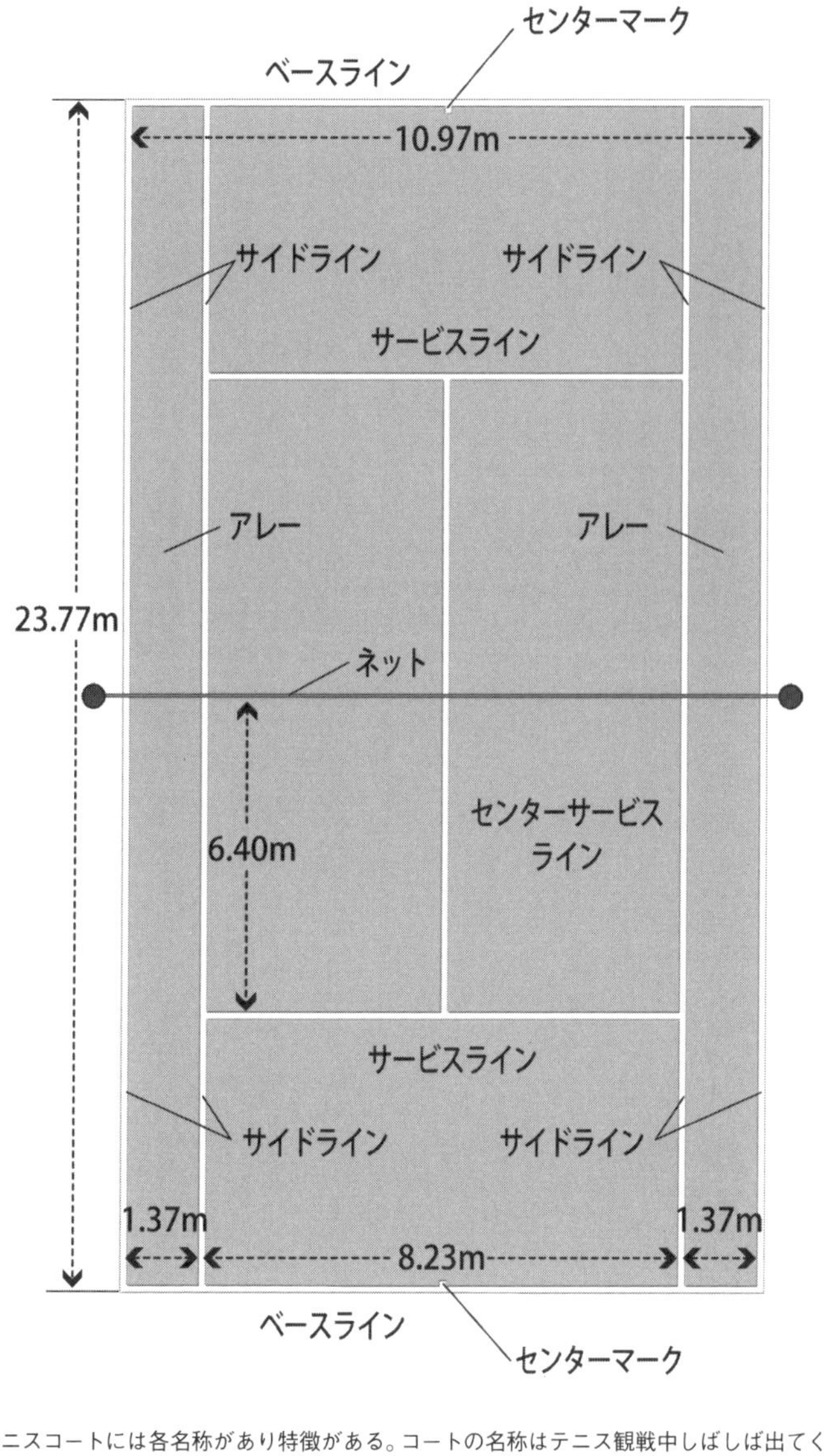

テニスコートには各名称があり特徴がある。コートの名称はテニス観戦中しばしば出てくるので、上のコート図を参考に覚えるようにしよう！

平行に引いた線を「サービスライン」と呼び、このサービスラインとネットに囲まれた部分は「サービスコート」と呼ばれます。また、このサービスコートを均等に分ける線を「センターサービスライン」と呼びます。サービスはこのエリア内に入れなければいけません。

またコートの中央にはコード（ワイヤー）で吊ったネットが張られていて、その高さは1・07mです。また、ネット中央の高さは0・914mと決められているため、ストラップでコードを押し下げて高さを調整します。このネット中央に設えられたストラップを「センターストラップ」と呼びます。

サーフェス

国際大会で使用されているコートの種類は大きく分けると3種類になります。グランドスラム大会では、全豪オープン、USオープンは「ハードコート」。全仏オープンは「アンツーカーコート（クレーコート）」。ウィンブルドンは「グラスコート」で開催されています。全仏オープンで使用されているアンツーカーはレンガを砕いたものですが、分類としてはクレーコートに含まれます。

ツアーの年間スケジュール表に表記されているHは（ハードコート）、CLは（クレーコート）、Gは（グラスコート）の略です。また、大きな国際大会では使用されていませんが、国内の大会ではよく使われている「砂入人工芝コート」はCLと表記されることが多いようです。現実的には国際大会に使われているのは日本とオーストラリアが少々。世界的にはガラパゴス化したサーフェスと言えます。

試合で使われるテニス用具の特徴を知ろう！

ボール

一口にテニスボールと言ってもメーカーによって様々な打球感が生じます。我々一般プレイヤーはあまり気にすることはありませんが、トッププロにとって打球感はとても大切な要素。ボールによっては普段の力が発揮できないこともあるそうです。試合会場で行う練習は、ボールに慣れるためと言ってもよいほどです。試合に使われるボールはもちろん規格の範囲内に収まっています。

覚えておきたいのはボールの重さ。「テニスボールって卵1個分とほとんど同じ重さ」と頭に入れておきましょう。

＊国際テニス連盟の公式球仕様規格
大きさ（直径）：6・54〜6・86センチ
重さ：56・0〜59・4g
素材：中空ゴムにフェルトカバー
反発値：135〜147センチ

ラケット

テニスショップに置いてあるラケットなら間違いなく試合に使うことができます。なぜなら、ラケットに関してのルールはかなり緩く、「最大長」と「面の大きさ」にしか制限がないからです。要するに、どんなに重いラケットでも、短いラケットでも、どんな素材を使っても構わないということ。極端に言えば、ジュニア用のラケットで試合をしてもＯＫと言うことです。

ストリングス

テレビ観戦をしていると「どうやらガットが切れたみたいですね！」とアナウンサーが言うのを聞いたことがあると思います。しかし、ちょっと気が利いた解説者ならすかさず、「そうですねストリングスが切れましたね」と助け舟を出すことでしょう。

確かに昔はガット（牛腸を加工したもの）が使われていましたが、今ではナイロンやポリエステルなどの科学素材が使われているのが一般的。テニスをやっている人の間で「ガット」は死語になっています。

テニスのルールは世界共通
何でそうなるの？に応える『JTAテニスルールブック』

世界中で行われているテニスは、基本的に共通のルールで楽しまれています。コートの広さ、ネットの高さ、ジャッジの仕方……等は、世界中どこに行っても同じ。それを管轄しているのが国際テニス連盟（ＩＴＦ）です。

ＩＴＦの『Rules Of Tennis』がテニスにおける世界共通ルールとなっています。その基本ルールを翻訳した上で、国内の諸大会ルール等を加えて、発行されているのが、日本テニス協会（ＪＴＡ）の『ＪＴＡテニスルールブック』です。公認大会も、ジュニア大会も、草大会も、国内で行われる大会は、この『ＪＴＡテニスルールブック』に記されたルールに則って行われています。

どんなスポーツでもルールがわかれば面白さが倍増します。ラグビーのワールドカップでも日本が勝ち進むに連れて、「にわかファン」だった人たちがルールに詳し

写真２：『JTA テニスルールブック』

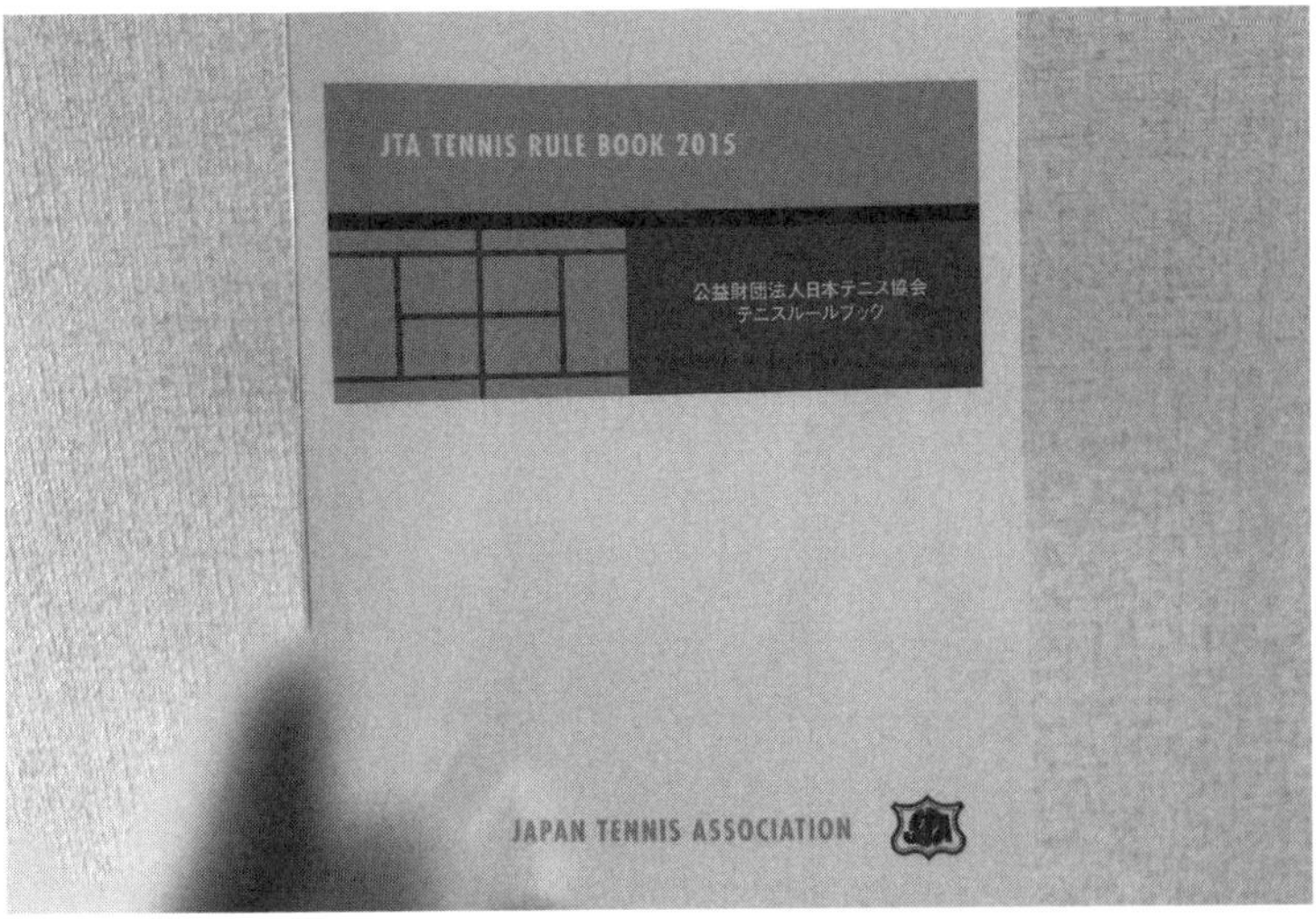

日本テニス協会公式サイトの「JTA STORE（出版物配布）」から購入することができる。

くなり、「ジャッカル」なんて用語は流行語大賞のひとつにノミネートされました。テニスも同じです。ルールがわかると観戦がグッと楽しくなるのです。

それではルールなんて知っているよ、という方に一つ質問です。

「試合前のトスアップに勝った相手が『こっちのサイドでレシーブをします。サービスをどうぞ！』と言ってきました。この申し出は正しいでしょうか？　正しくないでしょうか？」

……正解は×。

申し出は間違っています。なぜなら相手は「コート」と「レシーブ」の２つを選択しているからです。試合前のトスに勝った相手が選択できるのは、「サービスｏｒレシーブ」、「コート」、そしてもう一つ「相手に権利を譲る」の3つのうちから一つだけです。

3つ目の選択権を譲るというルールでは面白いエピソードがあります。昔ジャパンオープンで松岡修造選手とイワン・レンドルが対戦したことがありました。そのとき世界チャンピオンのレンドルが「権利を譲る」と言ってきたのです。そのルールを知らなかった松岡選手は頭の中が真っ白になったそうです。レンドルはルールを使って松岡選手にプレッシャーを与えてきたわけです。

応援で選手を動かす。応援を楽しむ

最近感激したことの一つに「応援」に関するエピソードがあります。

写真3：ゴファンを応援する少女

圧倒的にフェデラーを応援するファンが多い中、一生懸命ゴファンを応援する少女。テレビでは味わえない雰囲気だ。（写真は著者提供）

上海マスターズを見に行ったときのことです。上海での異常なくらいのフェデラー人気で、私設の応援団までできていました。フェデラーの試合は会場中がフェデラー陣営という感じです。フェデラー対ゴファン戦でのゴファンは完全なアウェー状態でした。

ところがその中でたった一人だけゴファンを応援する少女がいました。ゴファンの似顔絵を描いて、ベルギーの国旗を作って、その子が声を枯らしながら大声援を送っているんです。彼女を見たときに「こういうファンがいたらゴファンは頑張るしかない！」と思いました。たった1人の女の子の発信だけで、試合がグッと盛り上がったのです。応援には人々の心を動かす力があります。試合の途中からは、彼女の声援に同調する拍手が起きるようになったのです。その光景を見て「テニスっていいなぁ」と改めて思ったのです。

選手を乗せる、という点では全豪オープンの日本人応援団が有名です。彼らの応援は本物です。テニスが本当に好きで、テニスを応援したい、特に日本チームを応援したいって気持ちで全豪に来ているから、その声が選手まで届くのです。

杉田祐一選手が苦しい場面を乗り切って勝ったときには、応援団も一緒に戦っていました。杉田選手もそれがわかるので、試合が終わった後、会場のスタンドにいる応援団長を呼んで、「助けてくれてありがとうございました」とタオルを渡したのです。もうそれはそこでしか見ることができない光景です。

テニスをよく知らない人は、「テニスって静かにしていなくちゃいけない」と思っているようですが、マナーさえ守っていれば、大きな声で声援しても大丈夫です。そのマナーもいたってシンプル。難しく考える必要はありません。周りが騒いでいるときは騒いで、周りが静かになったら静かにする、というたったそれだけ。インプレー中だけ声を出さないようにすればいいのです。

第2章

奥が深いテニスの戦術

テニスはどういう競技なのか整理して考えよう
4つに分けられる競技特性

私は講習会等で全国を飛び回っているのですが、そこで集まった皆さんによくする質問が、「テニスってどういう競技ですか?」ということです。スポーツには、時間を競う、距離を競う、力を競う、点数を競う、さらに加点する、減点する、個人で行う、団体で行う……など様々な特性がありますが、そうしたことを気にしている人はあまりいません。そこで私なりにテニスというスポーツを分類すると

①相手と関わる対人スポーツ
②道具を使って行う球技
③プレーをするに際し制限された場所（コート）がある

④時間的な制限はあったり、なかったり

ということになると思います。

①は、相手がいて初めて成立するスポーツということです。そこで重要になるのは、相手との関わりです。相手があるアクションをしてきたら、どうリアクションして返すか、試合はこの繰り返しです。「自分さえ良ければ……」ではけっして勝てないし、うまくなりません。

②はもちろんラケットを使う球技ということですが、そこで大切になるのは「走る」、「投げる」、「捕る」、「打つ」という能力。身体を自由に動かせる能力があればすぐにうまくなることができます。この②については80ページでも詳しく紹介しているので参考にしてください。

③は23・77m×10・97m（ダブルス）／8・23m（シングルス）という長方形のスペースをネットという障害物で2分した場所にボールを入れ合うスポーツだということです。ただし、戦うポジションはそのスペースよりもはるかに広くなっています。また、テニスコートというのは意外に縦長という点も大切なポイントです。テレビ画面で見

るとダブルスラインもあるので、あまり縦長には見えませんが、実際のシングルスは縦のラインのほう（23・77m）が横のライン（8・23m）よりもずっと長く、選手たちは縦方向のショットを軸に戦っているのです。

④はテニス最大の特徴でしょう。勝敗はポイントの積み重ねで競いますが、1ポイントが終わる時間は決まっていません。また、試合は勝負がつくまでは時間無制限で行わなくてはいけません。他の競技よりも試合時間が長くなる傾向があるのがテニスです。また他の競技はたいてい始まる時間が決まっていますが、テニスの場合は、前の試合が長く続いたり、急に終わったりすることがあり、そのための準備も大切になります。

以上がテニスの競技特性です。こうしたことが整理できていると、見ていて面白いし、実際にやったときにも上達が早くなります。

テニスの基本戦術は「入れる」、「動かす」、「作る」この3つを頭に入れて見よう！

テレビ観戦するときのポイントは、プレイヤーがどう戦っているのかといった「展開」を見ることです。ボールがどう動いて、最後はどうやってポイントが決まったか、そこのシナリオの中にテニスの基本戦術がつまっています。

私が考える「展開」というのは、

①「どうやってコートに入れているか」
②「どうやって相手を動かしているか」
③「どうやってポジションを作っているか」

この3つを考えてもらえば良いと思います。3つにフォーカスするだけで試合はグッと楽しくなります。

簡単に説明すると①の場合だと、サービスをどうやって入れているのかということが考えられます。単純に言って、サービスだとセンター、ワイド、ボディと3つのコースがあって、選手たちはその組み合わせを常に考えながらプレーしています。試合観戦するときは、当たる、当たらないは別に、「自分だったらこうするな?」、「あの選手ならあそこを狙っているのでは?」なんて予測しながら見るだけで楽しくなるはずです。

②は例えばラリー戦になったとき、どういうボールを打って相手を動かしているか、その意味を考えるということです。テニス用語では、お互いのこうしたボールのやりとりのことも「展開」と言い、それに優れた選手は「あの選手は展開力がある」と評します。もし、解説者がそういった言葉を使っていたら、それはかなりの褒め言葉。面白いプレーをしているということです。

③は②に関連するワードで、自分が打ったボールと相手の対応によってポジションを絶えず変えることを指します。これについてはもっと詳しく説明するつもりなので、110ページの「ポジショナルプレー」の項目を参考にしてください。

セオリーを知るとテニスがグッと面白くなる
繰り広げられているのは時間と空間の奪い合い

試合をしている選手たちは、闇雲に打ち合っているわけではありません。シングルスを戦うときにはシングルスのセオリー、ダブルスを戦うときにはダブルスのセオリーを背景に戦っているのです。こうしたセオリーを理解しながら試合観戦するとテニスがグッと面白くなります。

もっとも単純なものにクロスラリーからストレートに展開するというセオリーがあります。これは「オープンスペースを攻める」という基本戦術につながります。

そうやってオープンスペースを作ることによって、今度は相手がそこを攻められるのを防ごうと動くので、その動きの「逆を突く」というセオリーも生じます。

同様に、前後でも同じことが言えます。浅いボールで相手を前に走らせたら、次は深いボールでベースライン深くにという前後のオープン攻撃です。

これは見ていれば誰でもわかる単純な攻め方なので、観戦者は、相手を動かしている側の選手に注目することによって、攻め方の基本がわかるでしょう。

一世代前にアンドレ・アガシという凄い選手がいました。彼の戦術は他の選手が参考にするほど理想的なものでした。試合になると、アガシはコートのセンターにいて、相手だけが一方的に走っているのです。アガシはまるでタクトを振るう指揮者のような感じ。強いときのアガシのプレーには他のトップ選手たちが痺れたものです。

そうした目に見える平面的な戦い方とは別に、「時間＝空間をマネジメント」するセオリーがあります。テニスは「スペースの奪い合い」であると同時に「時間&空間の奪い合い」でもあるのです。例えばワンバウンドしたボールをライジングで打ったり、ノーバウンドで打ったりするのは、相手の時間を奪うのが目的です。最新のテニスでは、この方向の戦いが繰り広げられているのです

相手に気持ち良くプレーさせないためのチェンジ・オブ・ペース

またその他に、タイミングを変えて相手に気持ち良くプレーさせない、という戦い

方もあります。テニスは身体のバランスとリズム、そしてタイミングで行うスポーツです。この3つが連動しているときはとっても気持ち良くプレーできます。「ゾーンに入っている」というときは、この3つが高いレベルで機能し合っているのです。

そういう調子が良い相手を崩すときや、相手に来ている流れを止めるときに使うのが「チェンジ・オブ・ペース」です。実戦では、ワンペースで打ち合っているときに、緩い中ロブを入れたり、スライスを使ってバウンドに変化をもたらしたりすることを言います。

また最近の男子テニスでは、そうしたわかりやすいチェンジ・オブ・ペースとは違って、同じトップスピンでも回転の量やスピードを変えて相手のリズムを崩す工夫が行われています。これは「トラックマン（※）」の採用によって初めてデータとして顕在化してきた戦術と言えるでしょう。

女子テニスの場合は、2019年の女王に輝いたアシュリー・バーティのプレーが光ります。彼女は女子には珍しいオールラウンドタイプのプレイヤーです。ベースラインからストロークもできるし、ネットについたときのボレーもうまい、それにトップスピンとスライスの打ち分けも自在。彼女のテニスはジュニアを育てる世界中のコーチの理想なのです。これからのテニスではストロークがうまいだけでは通用しなくなるでしょう。相手を崩すための引き出し（チェンジ・オブ・ペース）を多く持った選手がもっともっと台頭してくると思います。

※トラックマン

レーダーによるトラッキングシステムや最新のソフトウェア技術。リアルにスイングの感覚と実測値を比較して、スイングの精密なデータの測定が可能になった。

http://trackmangolf.jp/

長方形のコートをエリア別に分ける1番、2番、3番、4番、5番エリアの意味

相手のコートにボールを入れるのがテニス。その点だけを強調すれば、テニスは極めて単純なゲームです。しかし、実際の試合は、相手の嫌な所、返しにくい所を狙って打つ意地悪なゲームで、うんと意地悪ができるほうが勝者となります。

私は練習では次ページの図3のようなエリアを考えることを指示しています。

基本的に、1、2、3、4という場所にうまく配球できるのがベスト。5番はＮＧゾーンです。データを取ってみると、トップ選手の場合、5番のエリアにボールが落ちている割合は20％ぐらいとのことです。つまり、トップレベルでも、20％はミスヒットして、相手にチャンスを与えているということです。

そして100位〜200位ぐらいの選手だと、30％ぐらい5番のエリアに落ちてしまうというデータがあります。この10％の差がランキングの差に直結しているわけで

図3：5番はNGゾーン

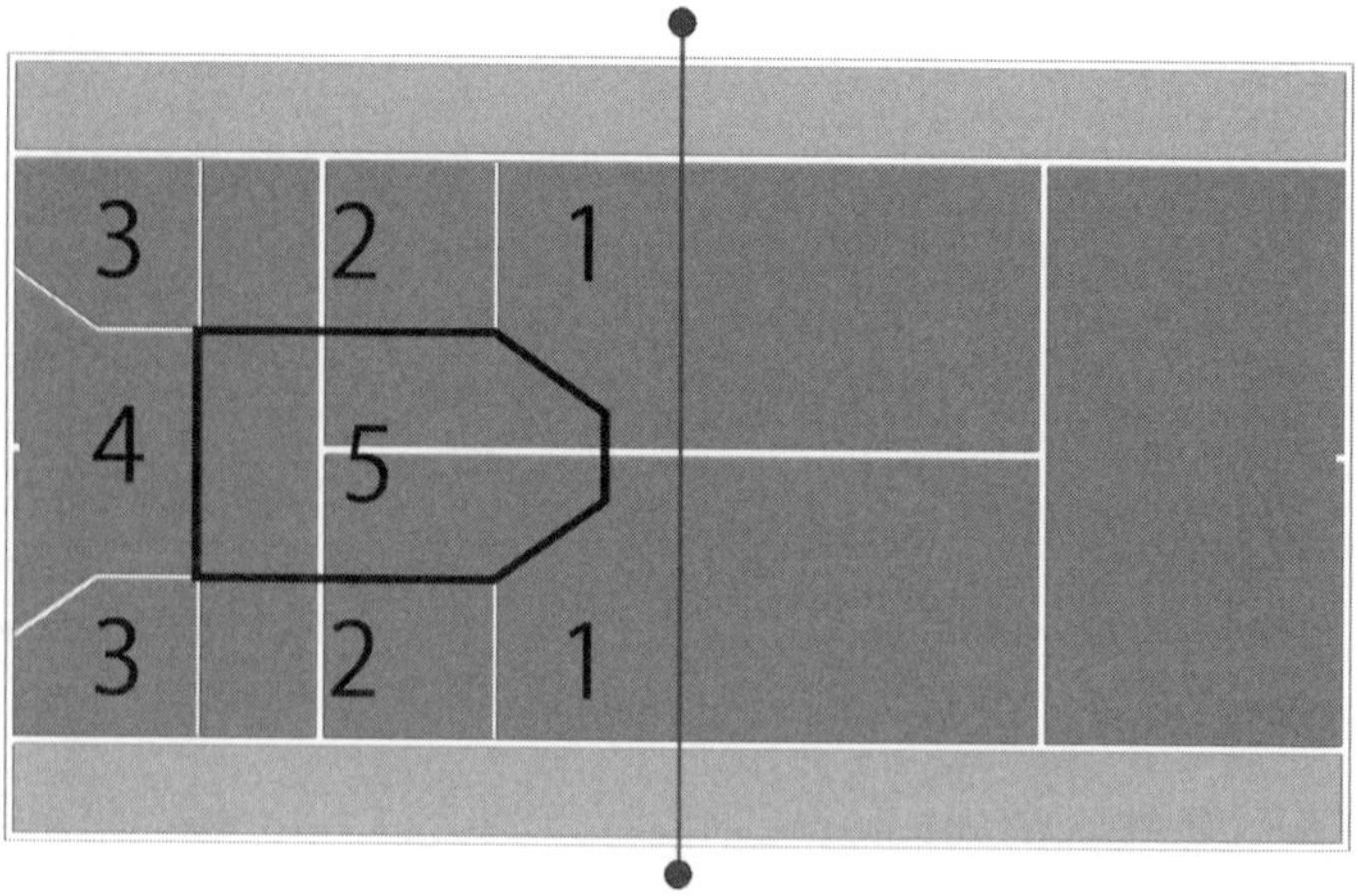

トップ選手でも5番のNGゾーンにミスヒットしてしまう。いかにして正確に打ち込むことができるかが勝敗を左右する。

す。

練習ではただエリアを狙って打てばOKというわけではありません。「練習は試合のように」行わなければ意味がありません。例えば、1のエリアにボールを打つことなんて一試合で何球もないでしょう。2はコースだけで勝負するショット。もっとも大切なのは3、4に打つ深いボールなのです。

3は深いボールで、なおかつコーナーを狙った重要度の高いショットになりますが、この3はどのくらいの広さがあるかイメージできますか？　正解はだいたい畳2枚分、つまり一坪分くらいのスペース（図4）。そう聞くと結構広いと

図4：意外に広い3のスペース

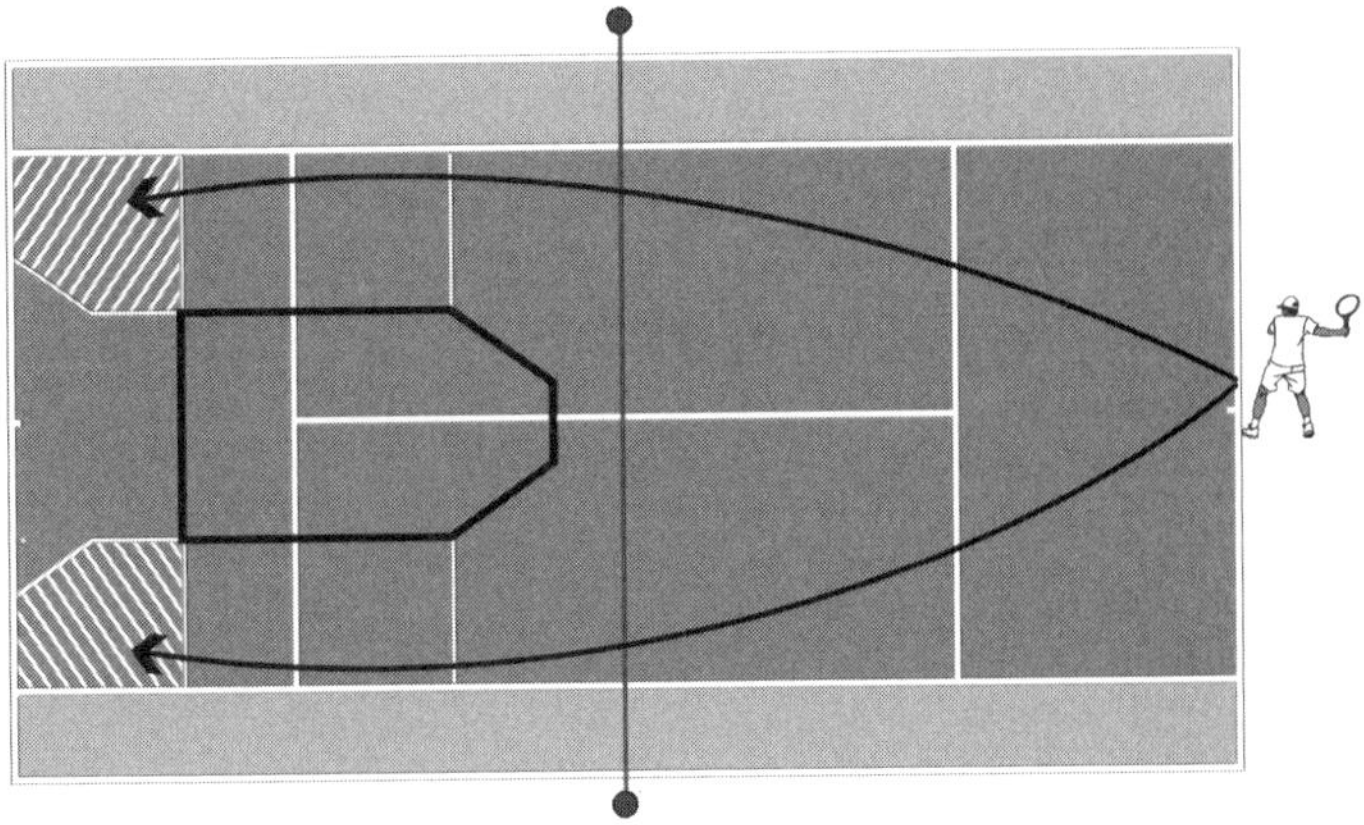

3のスペースは畳2枚分で思ったより広い。練習するときはコーナーにコーンやボール缶を置くことが多いが、そんなピンポイントの狙い場所を設定するより、スペースの意識を持って行うほうが有効。3の狙い場所は意外に広い。

思いませんか？　そこを打てるかどうかで、勝敗が決するのです。

次に考えることは、「自分が3を攻められたらどう返すか？」という視点です。練習は、単純に球出しのボールを指示されたスペースに打つものもあれば、そうやって打たれたボールをどう切り返すか、という視点の元に行うべきものです。

例えば、フォア側の3のスペースに振られたと仮定してどのような返球があるかイメージしてみてください（図5）。

有効打となるのは1〜4のスペースです。3からの返球ならすぐに頭に浮かぶのがダウン・ザ・ライン①でしょう。クロスが得意な人ならアングルショット②

図５：フォア側に振られたらどうする？

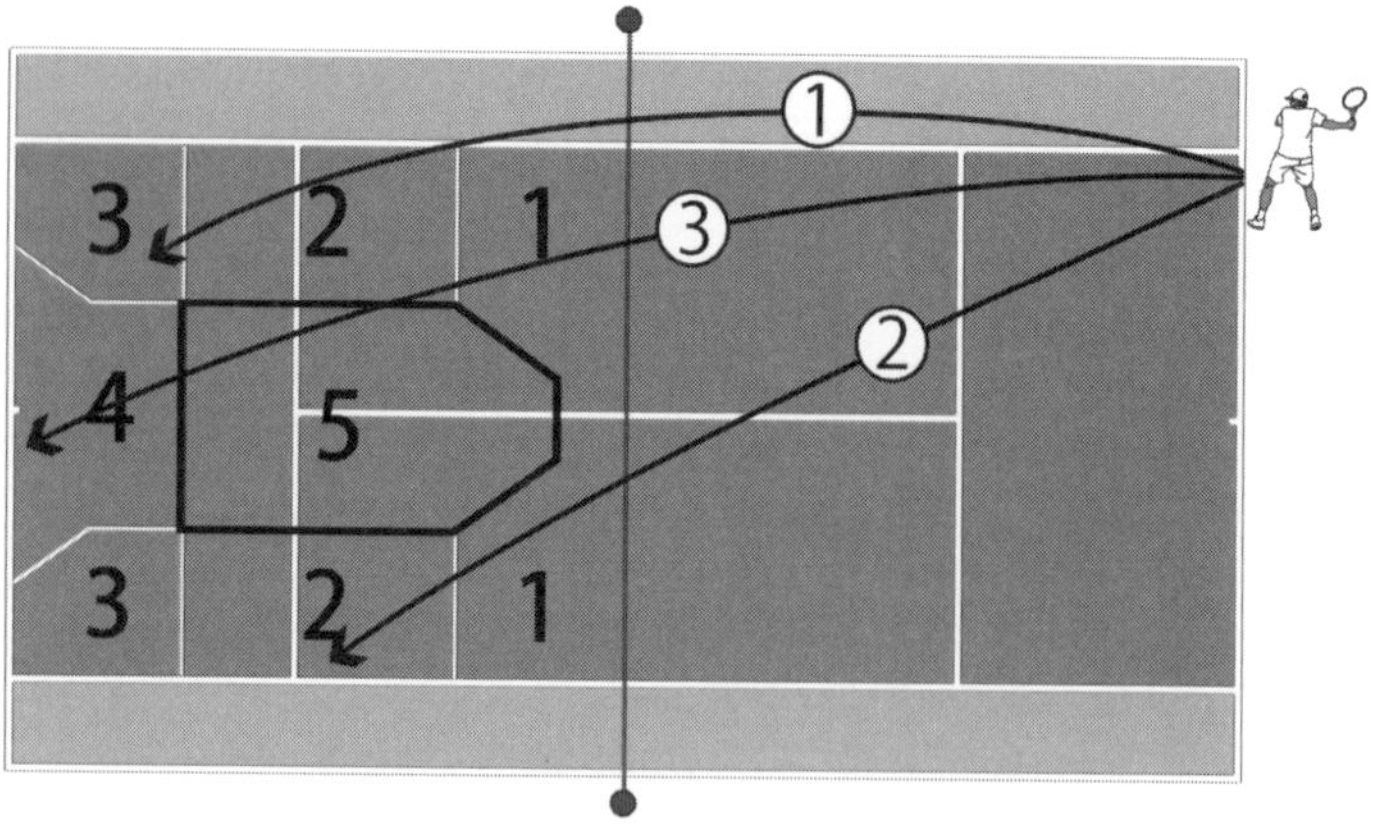

フォア側の３のスペースに振られた場合、すぐに思い浮かぶのは①のダウン・ザ・ラインだが、これは②のアングルショットと同様にリスクが高いショットでもある。最新のテニスで推奨されるのはポジションを戻してイーブン状態に戻す③のトップスピン系ボールだ。

で勝負するかもしれません。しかし、これらはリスクが高いショットです。アベレージで高い勝率を残している選手が考えるのは、時間を稼ぐためにセンター深くの４に打つ③のボールなのです。

「ワイドに振られたら勝負」という時代は過去のものです。最新のテニスはむしろ「ワイドに振られたらまん中深くに！」がトレンドです。そうやってイーブンの状態に戻すことを考えるのが勝っている選手たちなのです。

ダブルスはどこを見ればいいの？ 4つの陣形とは？

男子のトッププロたちが現在戦っている最新のダブルスを見たことがありますか？昔の時代のダブルスとは次元が違うスピードとテクニックで繰り広げられています。ここ20年くらいで圧倒的にボールのスピードが上がりました。とくに凄いのがリターンしたボールのスピードです。

ここではプロのダブルスを観戦するときの基礎知識を紹介していくことにします。ダブルスの陣形は大きく分けて、①雁行陣、②平行陣、③2バック、④Iフォーメーションの4つに分類できます。

①雁行陣（48ページ・図6）

ダブルスでもっともポピュラーな陣形が、2人で前衛と後衛を役割分担する「雁行陣」です。一般的な認識としては、「前衛」はネットプレー中心、「後衛」はストローク中心というものですが、リターンゲームでは、前衛と後衛が1ポイント毎に入れ替わるので、プロの試合では「前衛が得意」、「後衛が得意」なんてことはありません。雁行陣では、前でも後ろでも、この陣形の特性を理解した動き方やショットが大切になります。

②平行陣（48ページ・図7）

2人ともネットに出てボレーやスマッシュを中心に戦うのが「平行陣」です。通常は、サービスサイドでサーブ&ボレーしたとき、リターンサイドでリターン&ネットしたときにこの陣形になります。平行陣は一般的には、2人ともネットポジションを取る攻撃的な陣形とされています。しかし、平行陣を成功させるためには、ファーストボレーを含めた複雑なダブルス特有のテクニックが必要です。また、2人が前に出たときは、雁行陣とは違ったパートナーとの連携も必要になります。

③2バック（49ページ・図8）

ストローク力が向上してから多く見られるようになったのが2バックです。以前は相手のファーストサービスに限定した「ポーチ対策」として採用されていた2バックですが、今ではセカンドサービスになってもベースラインに下がったまま2バックで戦うペアも少なくありません。

前衛を下げた2バックは「守備的陣形」と思われがちですが、ボレーよりもストロークに自信を持っているペアならば、ベースラインから戦術的なショットを打つことで、雁行陣よりも「攻撃的」なダブルスを組み立てることもできます。プロの試合では全仏オープンなどクレーコートの試合で多く見ることができます。

④Iフォーメーション（49ページ・図9）

プロのダブルスで一気に台頭してきたのがIフォーメーションです。理由はリターンの進化。どんなに良いサービスを打っても、相手のリターンが凄いと逆に追い込まれてしまいます。その厳しいリターンを前衛がボレーでカットする目的でIフォーメーションを採用するペアが多くなってきたのです。

プロレベルのダブルスだと、Iフォーメーションを取ったとき、10回中7回は前衛がリターンに触るというデータがあります。つまり、リターンがサーバーに通るのはたったの3回ということ。プロたちは凄いレベルで戦っているのです。

図６：①雁行陣

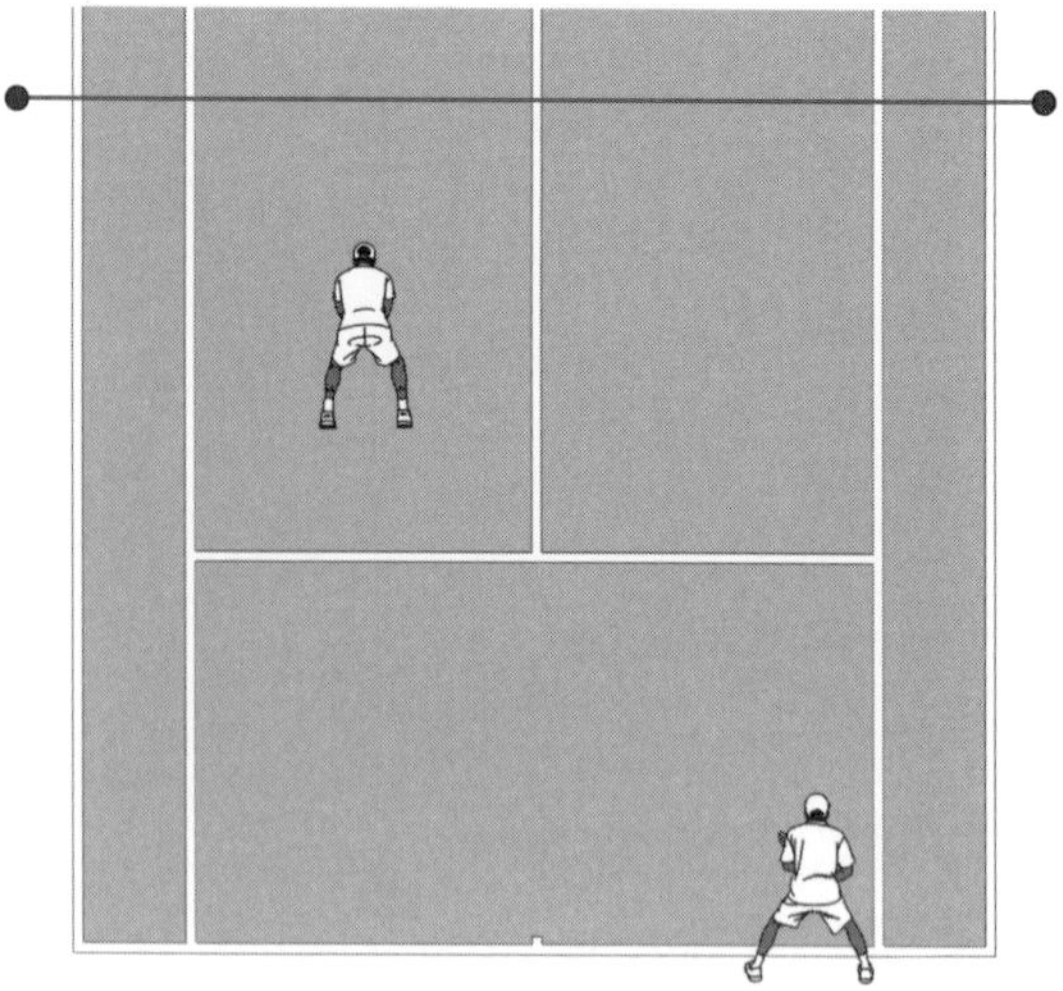

一人はベースラインに、もう一人はネットポジションに構えるダブルスの基本陣形。

図７：②平行陣

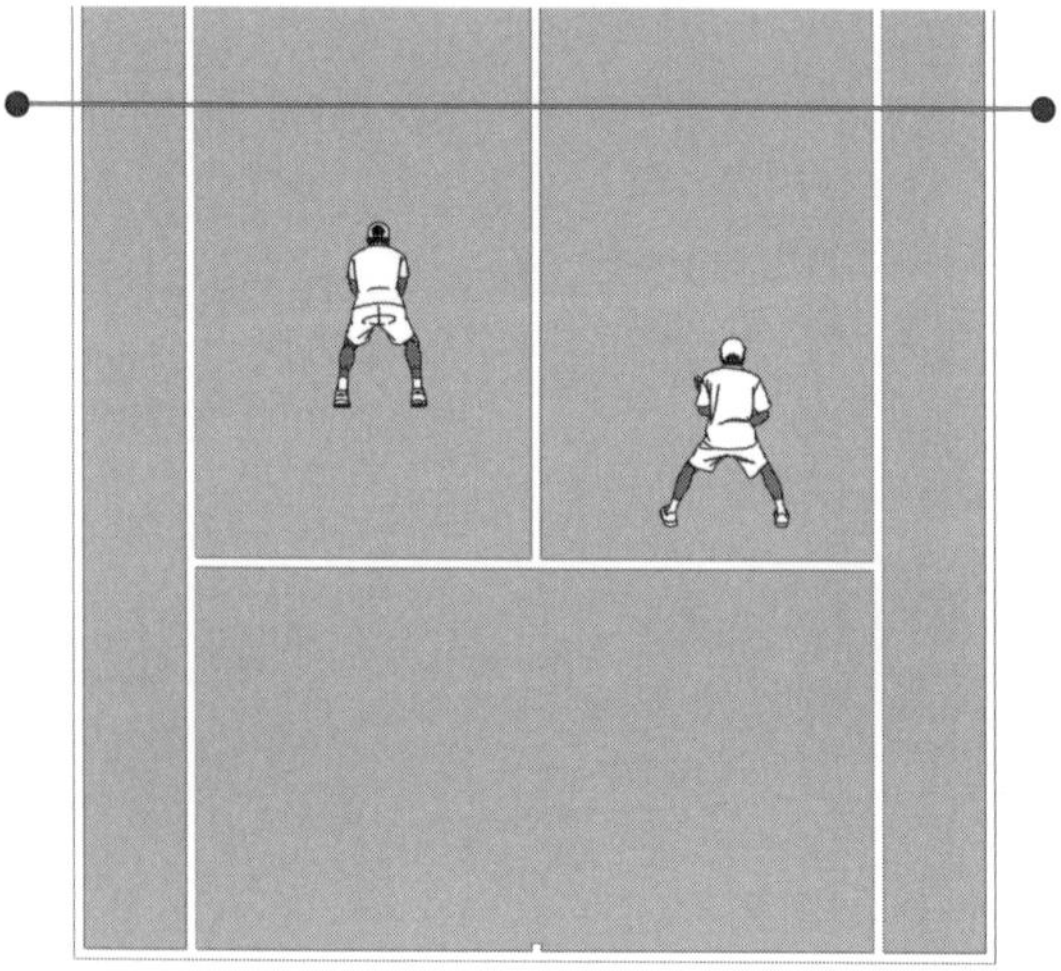

ベースラインのプレイヤーがネットポジションまで出て、２人がボレーポジションで横に並ぶ攻撃的な陣形。

図8：③2バック

ネットポジションのプレイヤーがベースラインまで下がって構える守備的な陣形。

図9：④Iフォーメーション

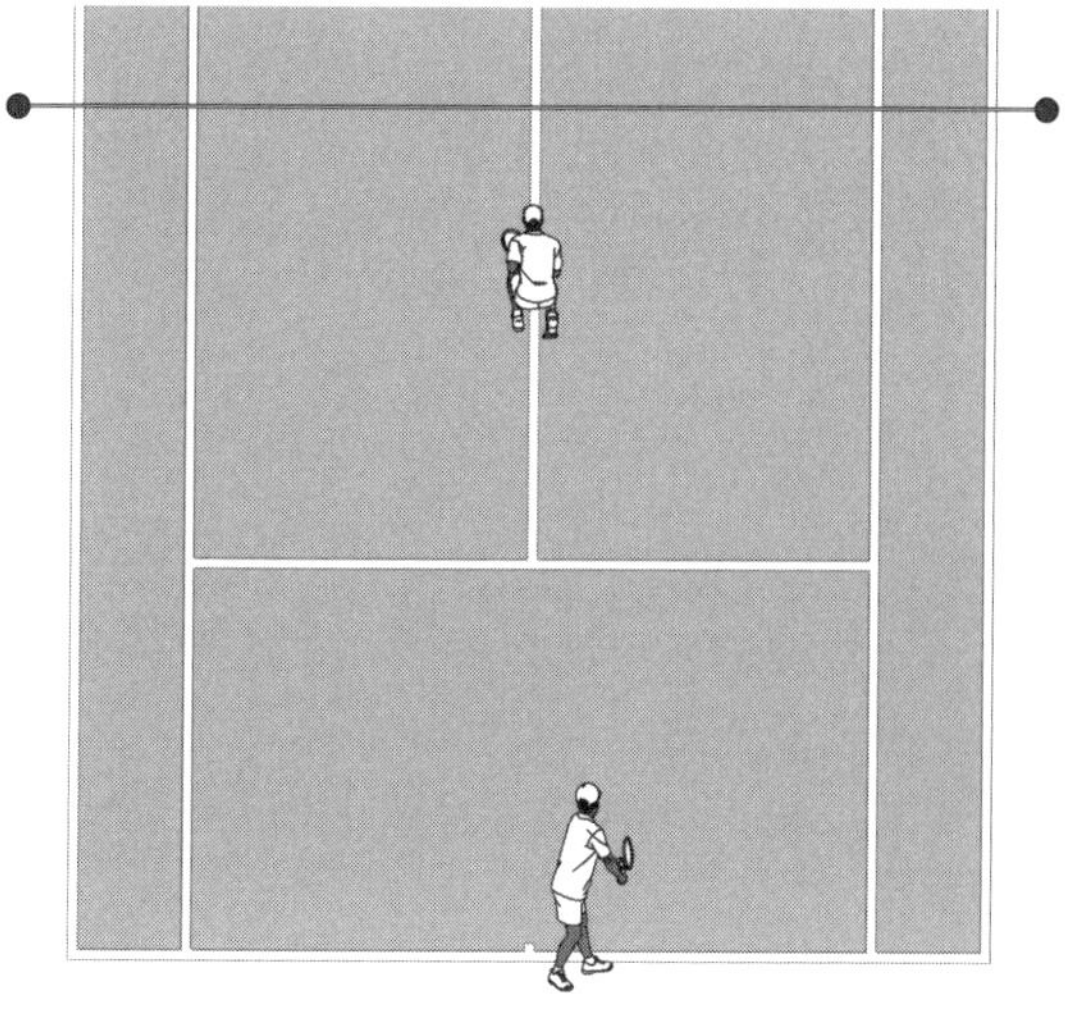

後衛と前衛が縦に並んでサインプレーを使いながら戦う最新の陣形。

ラケットの進化でテニスが変わってきた
男子ダブルスから雁行陣が消える？

基本の4陣形はおわかりになられたと思います。ダブルス観戦のポイントは、この4陣形でどういう戦いが起こっているか、と言うことです。

実戦を考えてみると、以下の7通りの戦いになると思います。組み合わせとしてはもっと考えられますが、例えば、4人ともベースラインに下がっての「2バック対2バック」の戦いなど現実的でないので除外しました。

①「雁行陣対雁行陣」
②「雁行陣対平行陣」
③「平行陣対平行陣」
④「2バック対雁行陣」

⑤「2バック対平行陣」
⑥「Iフォーメーション対雁行陣」
⑦「Iフォーメーション対2バック」

テニスをやっている人にもっとも馴染みが深いのは「雁行陣」でしょう。2人が前衛と後衛に分かれ、分業制で戦います。後衛がボールを作り、前衛が決める、というのが基本的な戦術とされます。

アマチュアの場合、「雁行陣」から「平行陣」に移行することは、1レベル上がったということになります。平行陣は、雁行陣の後衛がアプローチショットを使って前に出たスタイルのこと。ネットポジションで2人が横に並んだ形になります。ただし、最近の男子プロのダブルスでは、後衛のショットが速すぎて、ネットに出るタイミングが掴めずに、①の「雁行陣対雁行陣」の戦いが多くなっています。

2人ともベースラインに下がった陣形が2バックです。もともとは相手のファーストサービス対策として、前衛が下がった作戦でしたが、今では、クレーコートでは「ボレーよりストロークのほうが得意」というペアがセカンドサービスのときも使うようになっています。

Iフォーメーションは、とくに男子のダブルスで多くなった陣形で、基本はネットポジションにいる前衛が、サービスのコースと自分の動きをハンドサインでサーバーに伝えて行うサインプレーです。

こうした基礎知識があるだけで、ダブルスの見え方が変わってくるのではないでしょうか？

神谷コラム

4mのサークルと8メートルの楕円

「最近の男子プロのダブルスを見ていて驚くのは、Iフォーメーションを取った前衛がノーサインで飛び出している場面です。前衛は自分の感性で飛び出すので逆を突かれる場面もありますが、そのボールを後衛がカバーしてしまうのです。これまでダブルスの基本的な動きとしては、前衛も後衛も直径4mの円をイメージしていたと思います。これはボクシングや相撲と同じで、格闘技的な動きが必要なときのエリアイメージです。ところが、最新の男子ダブルスでは、後衛は直径8mの楕円形スペースをイメージしながら戦っているのです」

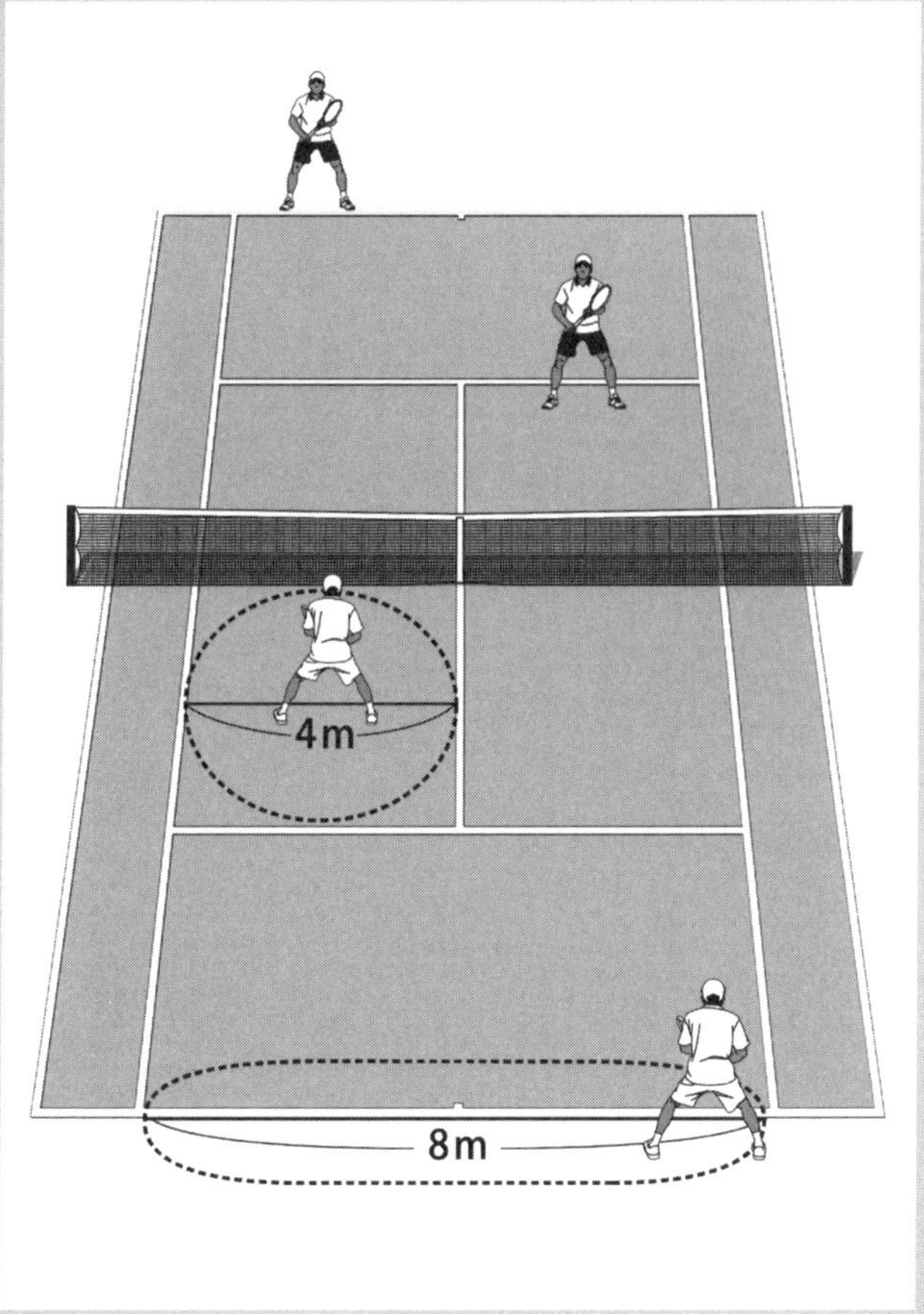

プロの男子ダブルス後衛は、これだけ広い守備範囲を考えている。

第3章

試合中の選手の特徴を知ればより面白い！

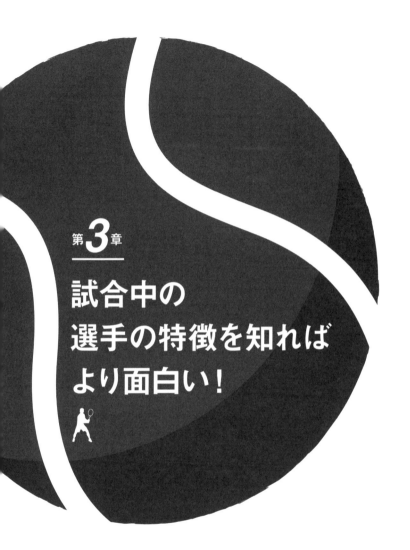

ボールの回転の意味がわかると選手の特徴が見えてくる
ナダルのボールが重い理由

もともとラケットはボールを飛ばすための道具です。もしテニスが飛距離を競うスポーツなら、思い切りラケットを振って、ボールを引っ叩けば良いのでしょうが、テニスの面白いところは、「決められたスペース内にボールを収めなくてはいけない」というルールがあるところ。パワーがある選手が単純にボールを引っ叩くと、間違いなくボールは飛びすぎてアウトしてしまうので、そうならないような工夫が必要となるのです。それが「トップスピン」であり、「スライス」と呼ばれるテクニックなのです。

トップスピンは、順回転がかかったボールのことを言います。打ったボールは進行方向に回転しながら落ちるので、バウンドしたボールは高く弾みます。ラファエル・ナダルが打つフォアハンドのボールをイメージしてもらえればわかりやすいと思います。

一方のスライスは、逆回転がかかったボールのことを言います。打ったボールにスピードはありませんが、進行方向と逆の回転がかかっているので、バウンド後の弾みは低く、回転の量によって、伸びたり、止まったりする、とてもテクニカルなショットです。ロジャー・フェデラーのバックハンドをイメージしてもらうとわかりやすいと思います。

「回転をかける」というと、特殊なテクニックのように思われますが、何も考えずにテニスコートの中にボールを入れようとすれば、無意識のうちに回転をかけて打つのが普通です。

一般的に、トップスピンは「確率を上げるため」に使い、スライスは「時間を稼ぐため」に使います。トッププロのレベルになれば、トップスピンもスライスも自由自在に回転量をコントロールでき、さらにそれを磨くことによって、各選手が独自の武器にしているのです。

例えば、「ナダルのボールは重い」と言われますが、それは回転量が凄いからです。強烈なトップスピンがかかったボールは、バウンドした後にグッと伸びて弾みます。

写真4：スイートスポット（※）

ラケット面のセンター付近のボールがよく飛ぶエリアがスイートスポット。ここでボールを捉えると軽快で気持ち良い打球感を得られるが、外してしまうと振動が大きくなりボールを重く感じてしまう。

そうなると相手はラケット面のスイートスポット（※）でボールを捉えられなくなります。まん中で打つことができないと腕に重い振動が来ます。対戦相手は、それを「ボールの重み」と感じるわけです。

試合観戦している中での用語としては、順回転系のボールでは、「ヘビートップスピン」、「エッグボール」、逆回転系のボールでは、「スライスアプローチ」、「ドロップショット」等の言葉がテレビから聞こえてくるはずです。

ルーティン（習慣）とリチュアル（儀式）を多く持っているテニス選手は？

テニス観戦をしていると、選手の様々なクセに気づく人も少なくないでしょう。テニスは基本的に2人だけで戦う競技で、試合時間も長くなる傾向があります。また、一試合の中で大波、小波が現れる競技特性もあります。単調な競技ではないので、選手たちは何とか心を平静に保とうと、様々な「ルーティン」や「儀式」を持つことになるのです。

皆さんがすぐに思い浮かべるのは、ラファエル・ナダルでしょう。サービス前のボールを突く回数、髪をかき上げる仕草、ベンチに戻ってもラケットバッグの置き場所からドリンクの並べ順、並べる向き……本当に一から十までつねに同じ。そうした儀式はオンコートだけでなく、ロッカールームから始まっているそうです。

テニスは、「ルーティン（習慣）」や「リチュアル（儀式）」が多い競技です。

「何かしたときに成功したら次も同じことをしたい」。人間はそういった心理を持っています。それがどんどん増えていくわけです。

ルーティンを持つということは、凄く細かいことまで気にすることができるということです。それが一球、一球を大事にするテニスにつながります。テニスにおいては拘りを持つことは悪いことではありません。

神谷コラム

パニックに陥ったとき、集中できないときはどうする？

深呼吸する、遠くを眺める

「周りの状況がわからないくらいパニックに陥ったときは、深呼吸したり、遠くの緑を見たり、空の雲を眺めたりして、萎縮した気持ちを拡散する方法が有効と言われています」

タオルをかぶる、ラケット面を見つめる

「どうしても集中できないときは、ベンチに戻ったときにタオルをかぶったり、ポイント間でラケット面の一点に視線を落として、集中力を高める方法が推奨されています」

選手は試合中に何本のラケットを使うのか？
選手がラケットを頻繁に変える理由

テニス観戦していると、選手がラケットを交換する場面を見ることがあると思います。素人の方は「ストリングスが切れたから……」と思われがちです。しかし実際は、切れていなくても交換するのがトッププロ達なのです。

交換する最大の理由は、最高の状態のラケットでプレーしたいからです。ボールを激しく叩くうちにストリングスは徐々に緩んできます。つまり、最初の状態を１００とすると、ゲームを消化するごとに90、80、70とラケットのパフォーマンスが落ちていくわけです。プロはそれを嫌って、ラケット交換するわけです。

昔のウッドラケットの時代は、今ほど道具にシビアではありませんでした。１本のラケットで試合を戦う選手もたくさんいたほどです。それがデカラケの登場以降変わってきて、複数本のラケットをコートに持ち込む選手が多くなり、今では5本以上のラケットをコートに持ち込む選手が一般的です。

では、選手たちはどのタイミングでラケットを交換していると思いますか？　実は今スタンダードになっている交換のタイミングを構築したのはロジャー・フェデラーです。彼は7、9、9ゲーム事に行われるボール交換のタイミングでラケットを変えていました。それが他の選手たちにもかなり浸透しています。錦織圭選手も基本的にフェデラーと同じタイミングでラケット交換しています。

また、大会でストリングサービスが充実したのもラケット交換が多くなった理由の一つです。プロの大会ならたいていストリングサービスを行っています。ジャパンオープンやグランドスラム大会なら、ストリングルームという張り替え専用の部屋まで用意されていて、グランドスラムでは世界中から集まった何十人というストリンガー達が、朝から夜まで張りを行っています。

そんなに張り替えの需要があるの？　と思われるかもしれませんが、トップ選手たちは、試合毎にすべてのラケットを張り替えるのが普通です。試合では使っていないラケットでも張り替えるのです。そうして均一の状態を保っているのです。

ちなみに、張り替え料金は1本20ドル程度です。5本を張り替えるとして約100

ドル。ラケットもストリングスもメーカーから提供されるプロですが、張り替え料金だけは確実にかかる経費と言うことになります。

私はヨネックスのストリンガーとも親しいのですが、いまやストリンガーの世界にもITが浸透していて驚いてしまいます。例えばAという大会でBという選手がストリングを張ったとすると、誰が張った、どんなストリングスを張った、テンションはいくつだった、気温と湿度はどうだった……などのデータが逐一記録され、B選手がC大会に行ったときでも、A大会と同じサービスを受けられるようになっているのです。

神谷コラム

ボール交換

「テニスは最初だけ7ゲーム目にボール交換し、以降は9ゲーム毎にニューボールに交換しながら試合が進行します。最初の交換だけ7ゲーム目になっているのは試合前の練習が2ゲーム分に相当するからです。もちろん、このボール交換はトッププロの大会の例で、ジュニアから一般のアマチュアの大会はその範疇ではありません」

ラケットの叩きつけ方で選手のメンタルが見えてくる

ルールに詳しくなると、試合観戦がグッと楽しくなります。試合中に熱くなった選手がラケットを叩き付ける場面を見たことがあると思いますが、そういう場面すら楽しみを見つけることができます。

ラケットを地面に叩き付けようとした選手が、直前で思い止まったような場面を見たことがありませんか？　もし、叩き付けてしまうと、選手は警告（Racket Abuse）を受けてしまいます。これは、1回目は警告だけですが、2回目は、1ポイントを失い、3回目になると、1ゲームを失う、という厳しい罰則です。

思い止まったときは、「まだまだ冷静さが残っているな？」とか、ラケットを叩き折ったときは、「うわー、本気で熱くなっている！」なんてことがわかって、選手心理を感じながらの観戦ができるわけです。

また、ラケットを叩き付けるときも、エッジ方向に思い切りやるとラケットは折れてしまいます。折ってしまうとRacket Abuseの警告を受けるだけでなく、その行為が大会の品位を壊す行動と判断されれば、大会から罰金を請求されてしまいます。その金額はまちまちですが何百ドルではなく、何千ドルという単位です。また場合によっては、契約しているラケットメーカーからも罰金を受けることがあります。一瞬のカッとした行為によって様々な罰を受けることになるのです。

そういうことがわかっている選手は、ラケット面がコートに当たるように叩き付けています。この方法ならまずラケットは折れません。そうした選手は、熱くなっている中でも冷静な一面が残っているのです。

ラケットを投げることで気持ちの切り替えを計る外国人選手はたくさんいます。日本人選手は、「道具は大切に！」と育っているので、ミスしてもラケットに当たる選手は少ないと思います。だからかも知れませんが、錦織圭選手がラケットを叩き付けると「錦織。ラケットを投げた！」などとニュースになってしまいます。これは一種の有名税というところでしょう。

ビビっている選手は目でわかる表情を変えない選手は強い！

テニス観戦をしていて興味深いのは、選手の表情変化です。基本的に1対1の戦いで、流れが行ったり来たりするのがテニスです。そうなると、その流れによって選手の表情が変化します。

テニスでは感情を表に出さない選手と、感情をむき出しにする選手の2タイプがいます。よく知られたところでは、一時代を築いたビヨン・ボルグとジョン・マッケンローがそうでした。2人はプレースタイルも違えば、性格も正反対。だからこそ、様々なドラマが生まれ、ライバル関係が際立ったのです。

テニスでは一般的に、「表情は変えない方が良い」とされ、感情のアップダウンをなくすようなメンタル・トレーニングを行うものです。しかし、考えてみてください。ボルグ・タイプ対ボルグ・タイプの冷静な2人の試合は盛り上がらないし、マッケンロー・タイプ対マッケンロー・タイプの試合は熱くなると収拾がつかなくなります。やっぱり最高の対戦は、相反するお互いの個性と個性がぶつかり合うようなものです。そうなると、今は「どの試合が面白いのか？」を知りたくなるでしょう。冷静なロジャー・フェデラーと情熱のラファエル・ナダルの試合はやっぱり面白いと思います。また、しばしばコート上で問題を起こす天才児ニック・キリオスの試合も「何か起こるのでは？」と人気があります。

しかし、選手の特徴を知らなければ、どんな試合になるのか、それ自体イメージできません。そんなときには観客が多く集まっているコート、歓声が飛んでいるコートに行ってみてください。テニス観戦に慣れているファンについていけばハズレの試合はありません。

テニス選手の戦いは「孤独」と言われます。

テニス漫画『エースをねらえ！』の主題歌ではありませんが、「コートでは誰でも一人、ひとりきり…」だからです。プレーがうまくいっているときは問題ありませんが、うまくいかなくなったときは苦しくて、苦しくてたまらなくなります。そうなると、表情が萎縮したり、目が泳いだり、行動が早くなったりします。そういうニュアンスを感じたときに、相手は「ビビっている」と察知するのです。また、そういった空気は観客もキャッチします。そうなるとコートに立っていることすら怖くなる、と選手たちは言います。

だからこそ、テニス選手は他の競技の選手よりもいち早くメンタル・タフネス・トレーニングを取り入れたのです。具体的な方法は多岐にわたりますが、試合を観戦しているときに、選手がストリングスを見つめたり、空を見上げたり、タオルをかぶったり、といった行為をするのは、集中力を取り戻そうとしている現れです。

私が選手たちによくアドバイスするのは、「集中できないときはコートの細かい傷を探せ」というものです。一点に焦点を合わせると集中しやすい、という事実があるからです。そうした様々な傾向と対策もメンタル・タフネス・トレーニングをすることによって学ぶのです。また、メンタルがしっかりした子ども達はたいてい学校の成績が良いものです。

第4章

技術的な視点でテニスを理解しよう

サーバーとレシーバーのポジションをチェックしてポイントの展開を読もう

テレビ観戦ではわかりませんが、生でトッププロの試合を観戦すると、「よくあんなサービスを返せるな！」と思うのではないでしょうか？　実際、200キロを超えるようなサービスは、プロでも「読み」なしには返せないし、アマチュアならフォアバックのどちらかに来る方向がわかっていても恐怖を感じるスピードです。

錦織圭選手のようにリターンに優れた選手は、「読みが良いタイプ」とされています。観察力があるので、他の選手よりもサービスのコースを読む力が優れているのです。

ここで大切になるのが、「目線を読む」ということです。相手の目線から相手の作戦を読んで、事前にその対応策を講じるのです。この読みが良ければ200キロを超すサービスだって返球可能です。とくにリターンのときには、相手の目線＋フォームでコースを読むことが重要です。

一方サーバーは、レシーバーに打つコースや球種を読まれないようにしています。

理想のサービスは、「同じトスアップ、同じフォームで、コースと球種を打ち分けること」とされています。例えばロジャー・フェデラーのサービスをイメージしてください。彼は常時200キロを超えるようなビッグサーブを持っているわけではありませんが、まったく同じフォームからコースを打ち分けることで、めったにサービスゲームを落としません。

こうしたことを基礎知識として試合を見ると、また違った面白さが発見できます。サーバーのポジションとレシーバーのポジションは、一般的には（図10）のような相関関係があります。ルール的には、センターマークからサイドラインまでの範囲から打って良いわけですが、サービスのポジションを極端に変える選手はいません。たいていの選手がサービスを打つのはAの範囲でしょう。ここがメリットを一番感じられる場所だからです。

ご存知のようにネットが一番低いのはセンターです。コートの端と中央ではボール約2個分の高低差があります。プロの試合でエースが一番多いのはセンター。アマチュアにとっても狙いやすいのはセンターだと思います。そうなると自然にサービスを打つポジションもセンター寄りになるわけです。プロの基本戦術はそのセンターのサービスを軸に、ワイドとボディのサービスを組み合わせることとなっています。

レシーバーのポジショニングも自ずと決まってきます。サーバーがセンター寄りに立てば、Bのポジショニングになるし、サイドライン寄りに立てば、もう少し広範囲に対応できるようなCのポジショニングになります。

また、前後のポジショニングについては、ファーストなら後ろ目で、セカンドなら少し前目になるのが普通（図11）です。テレビ観戦しているとセカンドサービスになったときに、「グッとポジションを上げましたね！」といったアナウンスを耳にすることがあると思います。これは積極的にポイントを狙いにいっている、ということを伝えようとしているのです。

こうした知識が頭に入っていればラリーに入る前から試合を楽しめるようになります。

図10：サーバーとレシーバーの基本ポジション

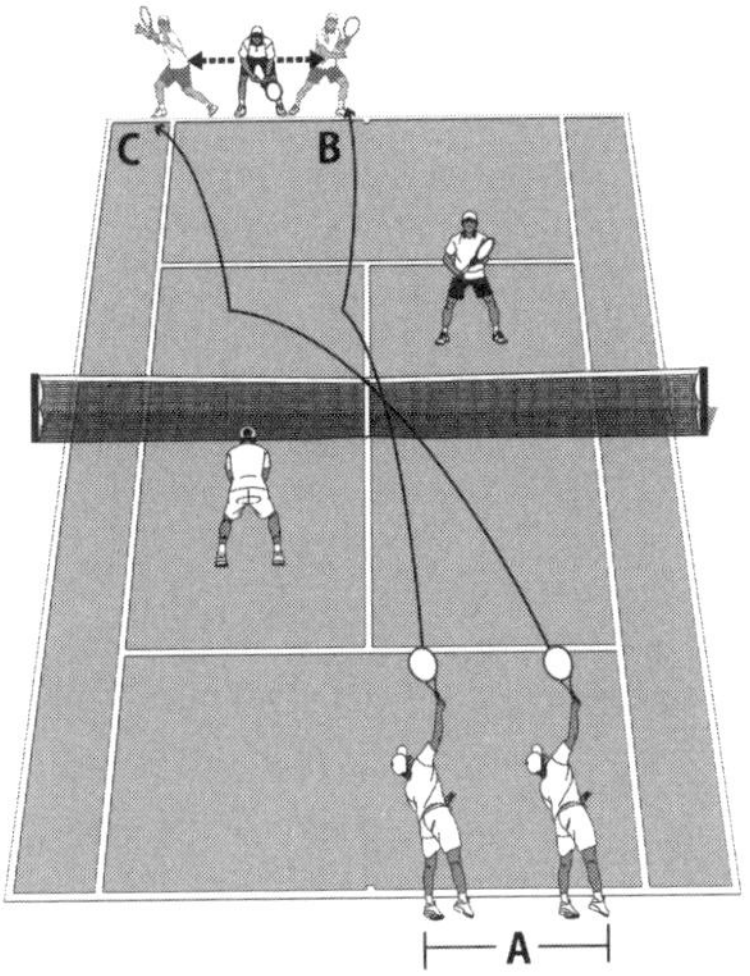

サーバーの立つポジションによってレシーバーのポジション（意識）も変わる。センターならセンター寄り。ワイドならワイド寄りに構えるのが普通。

図11：ファーストサービスとセカンドサービスにおけるレシーバーの基本ポジション

ファーストサービスなら少し下がって守備的に、セカンドサービスなら少し前目に立って攻撃的に、と立ち位置を変えるのが一般的。

ボールを投げられるのも、サービスを打てるのも人間だけ

アマチュアのサービスを見ていると、本当に個性的なフォームの人が多いのですが、うまくなればなるほど、不思議と個性が消えてきます。トッププロのインパクトの写真を並べると皆同じようなフォームになっています。

もちろん、構え方やラケットの引き方は違います。一昔前まではオーソドックスだったワインドアップ型は少なくなり、今はワインドアップせずに、スッとラケットを引く形が多くなっています。しかし、そこは大切な部分ではありません。野球のピッチャーはワインドアップだろうが、ノーワインドアップだろうが、基本的に同じような速球を投げ込みます。

実際に大切なのは、ラケットを引いてからスイングに向かう切り替え以降の運動。俗に言われるトロフィポーズからです。ボールを打つための準備がしっかり整ってい

ると、きれいなトロフィポーズを作ることができます。

私がサービスの指導を行うときによくする質問は、「上からボールを投げられる動物ってどのくらいいると思う?」というものです。

答えは、きちんとボールを投げられるのは「人間」だけです。猿もボールを「放る」ことはできますが、肩を使って「投げる」ことはできません。

骨格の構造や筋肉の機能的な部分をちゃんと使えるようにしてあげるのがコーチの役目です。ラケットを腕の延長としてうまく使えるようになれば、誰でも良いサービスが打てるようになるのです。

ラケットを引いたらサービスが打てなくなる

ところが、もともとボールを投げる機能を有しているのにその使い方がわかっていない人がたくさんいます。私のところにもサービスが苦手な生徒さんがたくさん来ます。その人達の共通項は、ラケットヘッドを先に引いているという点です。

ラケットヘッドを引いた時点で腕はもうそれ以上引けなくなります(78ページ・写

真5)。弓の弦をギュッと引けない状態といったらイメージできるでしょうか? こうなると腕を振れないので、ボールは「放る」だけになるし、サービスではちょこんとボールを弾くしかありません。これが俗に言われる「お嬢様サービス」です。

では、どうすればお嬢様サービスから脱却できるかというと、これが驚くほど簡単。それは「肘よりラケット面を前に置く」ということ。たったこれだけを意識すると良いのです(78ページ・写真6)。

写真6のような形からスイングに入れば、何も考えることなく無意識のうちに腕を振ることができます。この「無意識」というのが大切なポイント。あれこれ考えないから間違えようがないのです。つまり、もともと人間が持っている機能をサービスに使えるのがこのテイクバックの形なのです。

もうひとつ簡単な脱却法があるので、これも紹介しておきましょう。

まず、ウチワを用意して顔を煽いでみてください。

そのときウチワをどうやって振っていますか? そのときは手首を動かさずに前腕が動いているはずです。これが「回外」、「回内」と言われる基本的な動作(79ページ・写真7)です。ラケットに持ち変えて、頭の上でこの「回外」、「回内」を使うと、サービスのスイングになります。こうするだけで、ラケットヘッドが走るのです。
プロのサービスフォームはどんどんシンプルなものになっています。プロのフォームというのはアマチュアの見本です。大切なのは、身体が勝手に動くこと。型にはめ込まないことが重要なのです。

神谷コラム

必殺マニュアル固め

「テニスがもっともうまくならない教え方は『型』にはめ込む方法です。これをやっているのがテニススクールかもしれません。今週はここまでやったから来週はこれをやりましょう、とか、今期は3か月でここまでやりましょう、といったマニュアルに沿った指導方法は、生徒を長くつなぎ止めるのには有効ですし、生徒は手取り足取り教えてくれるので、とてもありがたく感じます。これが必殺のマニュアル固め。上達を妨げる魔法のレッスンなのです」

写真5：ラケットヘッドだけを小手先で引くお嬢様サービス

ラケットヘッドを先に引くとボールを「放る」だけになる。

写真6：腕の機能を使えるテイクバック

こうやって構えればボールを「叩く」ことができる。

写真７：回外と回内

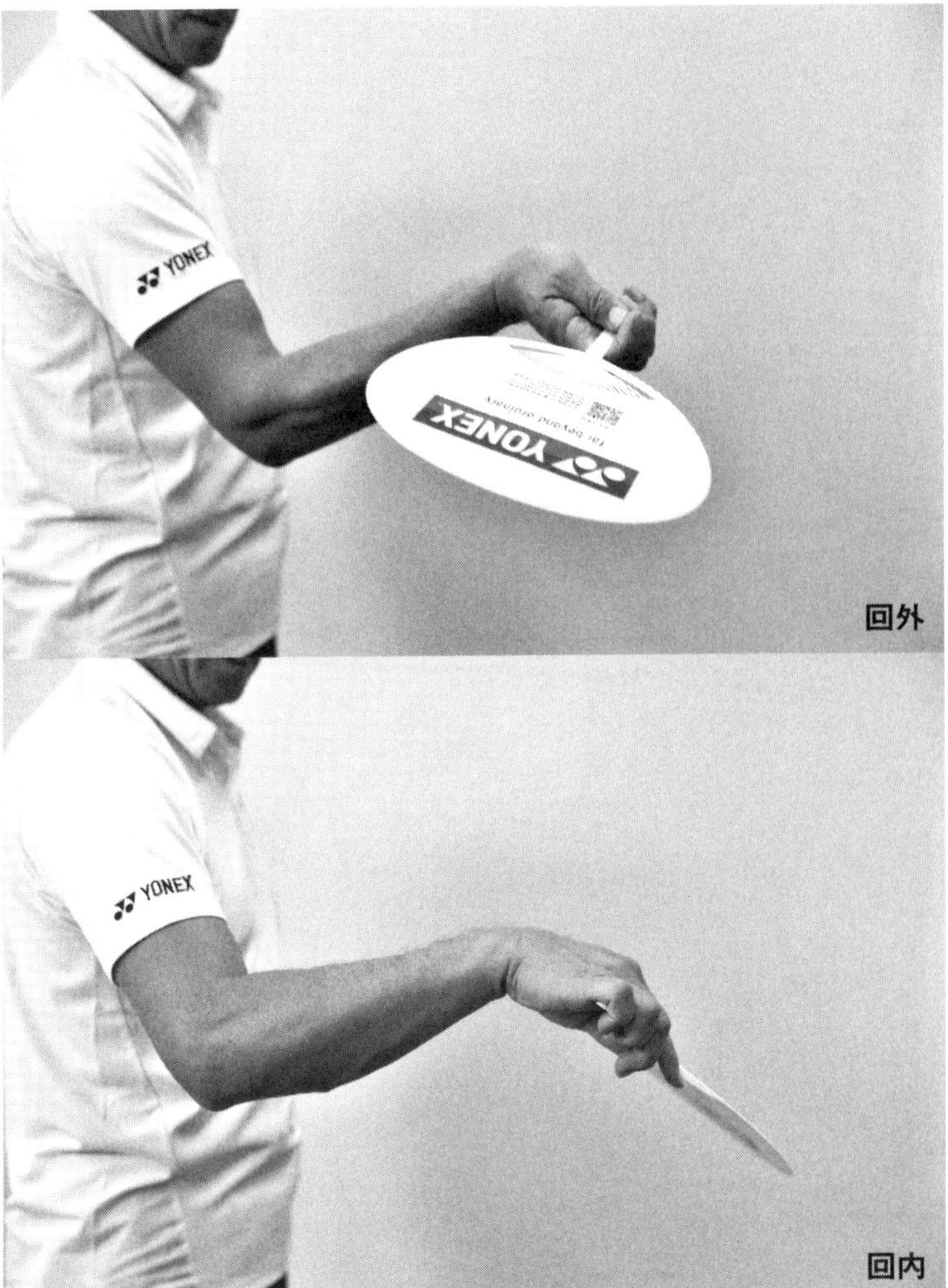

ウチワを煽ぐときに使う「回外」、「回内」の基本的な動作。

球技には「走る」、「投げる」、「捕る」、「打つ」の4動作が全部入っている

そもそも球技には、「走る」、「投げる」、「捕る」、「打つ」の4つの動作が備わっています。私もコーチになりたての頃は、この4動作をテニスのテクニックに応用しようと、あれこれ試行錯誤したのですが、何だかうまくいきません。と言うより、テニス用にそれぞれの動作を置き換えようとすると、時間がかかって仕方ないのです。

そんな経験を踏まえて発見したのは、「投動作」の中にテニスのすべてが入っているということです。投げる動作の中に、テニスのストローク、サービス、スマッシュがうまくなる秘訣がすべて詰まっています。そう考えれば、「キャッチボールでテニスがうまくなる」のは必然です。

私はテニスを普及させる講習会などで、まったくの初心者同士が30分でラリーを100回続けるレッスン法を紹介しています。レッスンはノーグリップ、ノーフォー

ムからスタート。生徒に伝えるのは、「相手のところにボールを打って下さい」という指示だけ。これは、「相手とキャッチボールしてください」というのと同じです。目的が単純だから生徒の考え方もシンプルになります。グリップやフォームに悩む必要もありません。「相手のところに返す」という目的があるから、そのためには「どうしたら良いか?」ということを必ず考えます。その疑問から発生するのがフォームやグリップ。これが最速でテニスが上達する正しいアプローチなのです。

野球の「投げる」は、テニスの「打つ」に置き換えられる

ボールを「投げる」という動作は、簡単なようですが、うまく投げられる人と、投げられない人がはっきりとわかれる運動です。時速１００キロのボールを投げられる

人なら130キロまで球速を伸ばせる可能性がある、と言われています。ちゃんと身体を使ってボールを投げられる人なら、テニスでも強烈なボールが打てるようになると言うことです。

100キロを130キロに伸ばすためのキーワードが、「運動連鎖」です。

下半身から上半身へ、運動を関節ごとに連鎖させていくと、腕（ラケット）を最速で振り出すことができます。これが運動連鎖の基本的な考え方です。強いボールを打つ選手はかならずスイングスピードも速いものです。ラケットを速く振ることができれば、打つボールのスピードも確実に上がります。

運動連鎖を実感するには遠投が最適です。軸足をしっかり踏み込んで、下半身から上半身への連動を意識してボールを投げてみて下さい。下半身を意識するだけで、今までよりボールが飛ぶはずです。そのイメージを持ったままテニスボールを打ってみてください。きっと良いボールが打てるはずです。

大学のテニス部監督が体育の授業で野球部の生徒にテニスを教えたところ、サービスを打つコツを掴んだ生徒達は、テニス部員より速いサービスを打てるようになったそうです。身体の使い方、腕の使い方が基本的に同じです。コツさえ掴めば凄いサービスが打てるようになっても不思議ではありません。

スイングのエネルギー源は脚とお尻 腕力を使って打っているうちはまだまだ

ウッドラケットの時代はボールを飛ばすのが大変で、大きなスイングが必要でしたが、飛躍的に進化した現代のラケットでは、逆に飛びを押さえるためのスイングが必要となっています。

サービスでいうと、一昔前の教科書では、「両足は肩幅に構え、後ろ足を前足に寄せて体重を乗せる」といった指導法が載っていました。これは、ボールを飛ばすために、後ろから前への「並進運動」を使う必要があったからです。

ところが最近は、スタンスの広さも、後ろ足の寄せも、あまり言われなくなって、昔より、はるかにシンプルなフォームの選手が多くなってきました。

典型的なのが錦織圭選手です。以前は後ろ足を前足に寄せるフォームでしたが、2018年からは、脚を寄せない「ダブルフット」のフォームに変えました。これはロジャー・フェデラーと同じフォームです。ラケットの進化+サービスの強化練習によって、シンプルなダブルフットのフォームでもスピードを殺すことなく、サービスが打てるようになったのです。

人間の身体で一番大きな筋肉があるのは、お尻や太ももといった下半身です。そういった大きな筋肉をうまく使えている選手は下半身の力をボールにぶつけることが上手です。つまり、腕で打っているのではなく、下半身で作ったエネルギーで打っている、と言えます。

それともう一点注意したいのは、打つときにノッキングを起こさないこと。サービスが安定しないときは、フォームがギクシャクする箇所を探すことです。ノッキングが起こるということは、そこがおかしいということ。パワーがうまく伝わらなくなっています。そのギクシャクするところを矯正すれば、案外早くサービスの悩みを解消できるかもしれません。

ジョコビッチの練習から見えてくる現代テニスの本質

選手の練習を見ているといろんな発見があります。2019年のジャパンオープンでも、ジョコビッチのリターン練習を見ていたときに発見がありました。

まずポジションですが、構えているのは結構深めで、ベースラインから2メートルほど後ろです。ポジションに関しては、リターンがうまい選手ほど後ろにポジションをする傾向があります。見ていて一番深いポジションを取っているのはラファエル・ナダルでしょう。彼の場合、ベースラインから3メートルくらい後ろに構えています。ナダルやジョコビッチは、そのポジションからスプリットステップを踏んでリターンを行っているのです。

そんなに後ろにいるのに、ほとんどラケットを振っていないのが新たな発見でした。ジョコビッチは、ラケットを握った手を固めたまま、「振る」というより「ぶつける」

写真8：ジョコビッチのリターン

手首をルーズに使わないのがトッププロのリターン。イメージとしてはボールにラケット面をぶつける感じだ。（写真は著者提供）

ような感じでボールをヒットしています（写真8）。こうするとラケットを持った手の形が変わらないのでリターンが安定するのです。

なぜラケットを振らないのにボールを飛ばせるかというと、それは練習パートナーのサービスが速いからです。相手のボールにスピードとパワーがあれば、スイングなしでもボールを飛ばすことができます。逆に相手のボールが緩いと、大きくスイングしないとボールを飛ばせません。試合では200キロを超すサービスを返球しなければいけないわけなので、練習時から速いサービスを返すことは必要不可欠です。錦織圭選手もサービスを打ってもらってリターンする練習を行っています。緩いサービスを丁寧に返す練習ばかりを繰り返している日本人選手は、そうした実戦に即した練習が少し足りていないのかもしれません。

ティエムの丁寧過ぎる最初のストローク練習

上海マスターズではドミニク・ティエムの練習をじっくり見ることができました。驚いたのは、試合ではあれだけ思い切りラケットを振り切るティエムが、練習ではゆっくりと丁寧にスイングしていることです。フォロースルーもしっかり取ったスイングで、子どもたちに見せてあげたいようなきれいなスイングです。

私が野球少年だった頃の練習は、「トスバッティング」→「バント」→「素振り」→「ティーバッティング」という順番で行っていました。いきなりバットをぶんぶん振り回すことはありません。

これはテニスでも同じです。ミニテニスからスタートする選手は、トスバッティングしているようなものです。

こうしたゆっくりとした基本をなぞるスイングは、ティエムに限らず、フェデラーも取り入れています。トッププロたちがウォーミングアップの段階で必ず行っていることなのです。そのとき彼らが気をつけているのは、ボールと面の関係を正確に作ることです。絶対にスイングをルーズにしません。プロの練習から見て学ぶこともたくさんあります。

厚いグリップ、薄いグリップって何？
手のひらから指先までの骨の数は

ラケットの握り方、グリップはとても大事です。しかしながら、私は自分のレッスンではグリップの指導はほとんど行っていません。なぜなら、グリップは人それぞれで、グリップを気にしすぎると、他のことが疎かになってしまうと考えているからです。

極端に言えば、グリップなんて気にしなくて構いません。

例えば、虫捕り網でチョウチョを追っている子どもは、網の握り方なんて、まったく気にしていないと思います。自然に網口がチョウチョを捕えられるように向けるはずです。

また、力がない子どもにラケットを持たせると、ムズっとグリップを掴んでしまいます（写真9）。その方法が一番力が入るからです。さらにそのグリップから入った子どもは、もっとグリップが厚くなる傾向があります（写真10）。さらにそれが進むと「超厚グリップ」になってしまいますが（写真11）、子どもはまったく気にしません。テレビ観戦していると、「あの選手はグリップが厚いですね」といった解説が聞こえてきます。そうした選手は子供の頃からのグリップのまま育っている可能性が高いと思います。

一方で「薄いグリップ（写真12、13）」という言葉も聞こえてくるでしょう。一般に薄いグリップは、ボレーやサービス、スマッシュをするときの握りのことを言いますが、錦織圭選手のような厚いフォアグリップに対して、フェデラーのような標準的なイースタングリップを薄めのフォアハンドグリップと呼ぶこともあります。簡単に

写真9：「厚いグリップ①」

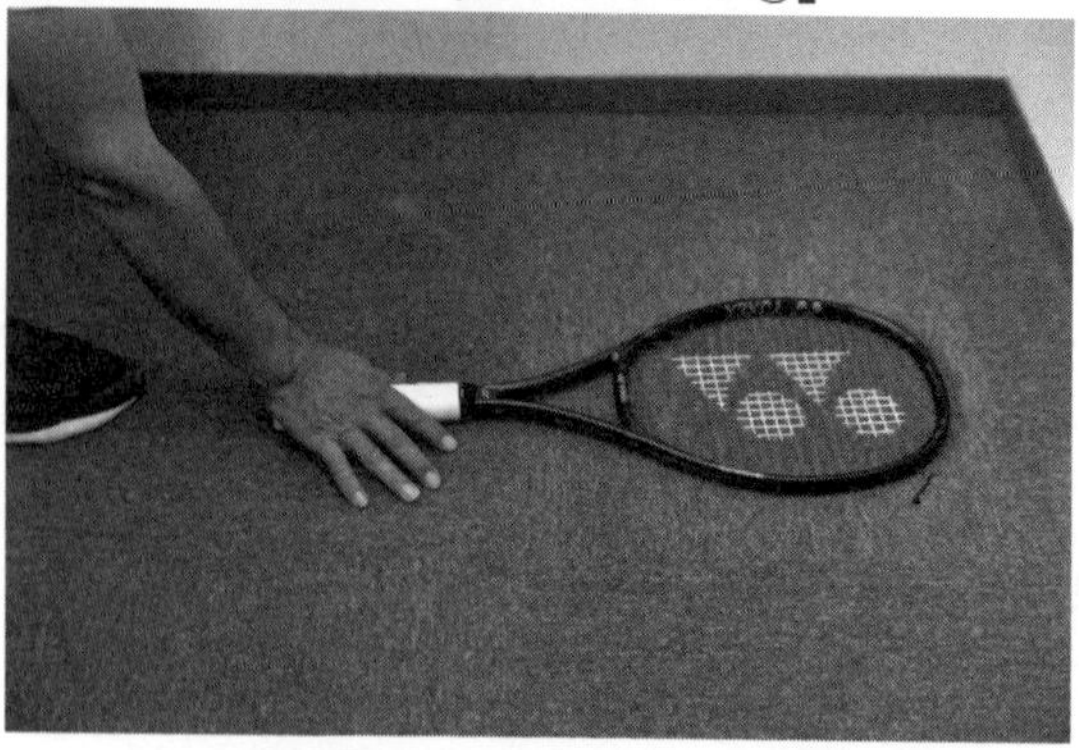

力のない子どもにラケットを持たせると、このように握ってしまうのが普通。このときの握りが「厚いグリップ」。それ自体は別に悪いわけではない。

写真10：「厚いグリップ②」

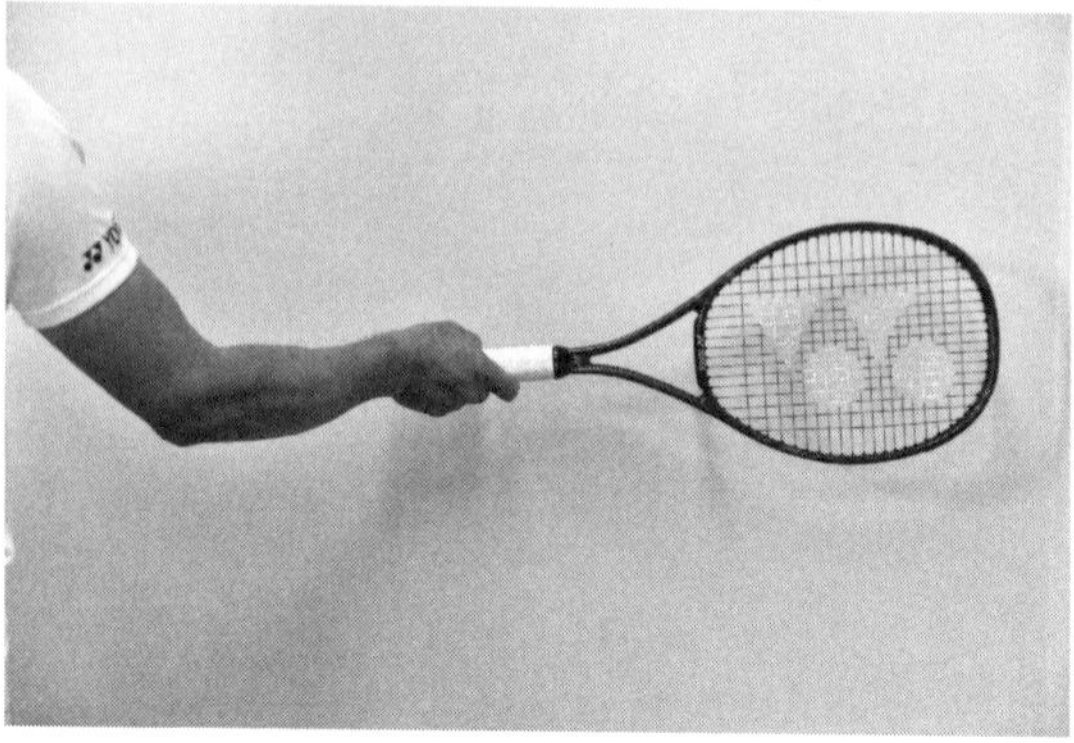

小さいときからテニスを始めたジュニアのグリップが厚いのは自然なこと。「厚いグリップ」なので当然打点も前めになる。

写真11：「超厚グリップ」

「厚いグリップ」でボールを打つうちに、さらに握りが厚くなってしまうジュニアを見かけるが、こうなってしまった場合は早めの矯正が必要。

写真12：「薄いグリップ①」

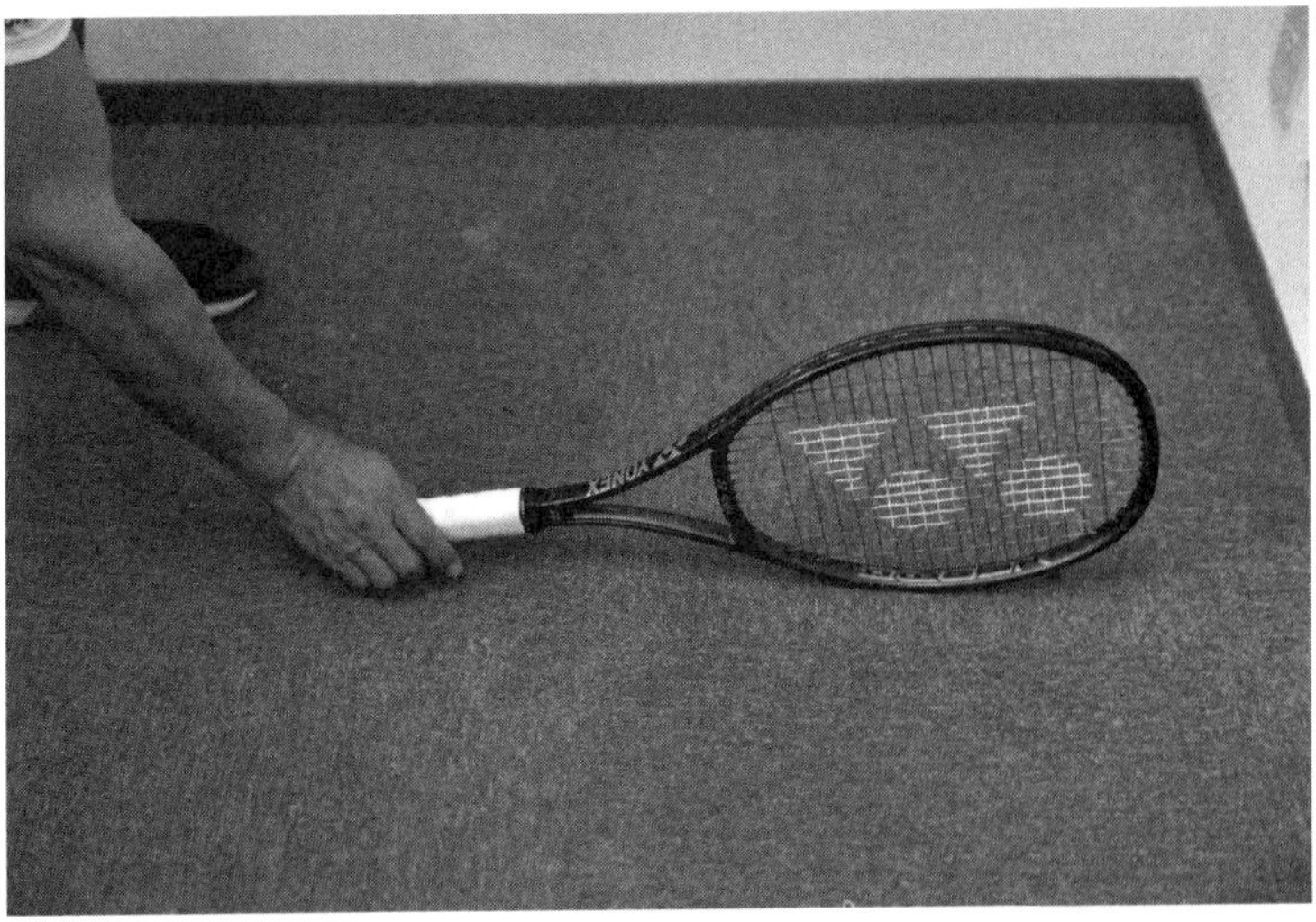

写真のようにラケットを置いて、上からラケットを握ると「薄いグリップ」になる。サービスやボレーのときに使うのがこのグリップ。

写真13：「薄いグリップ②」

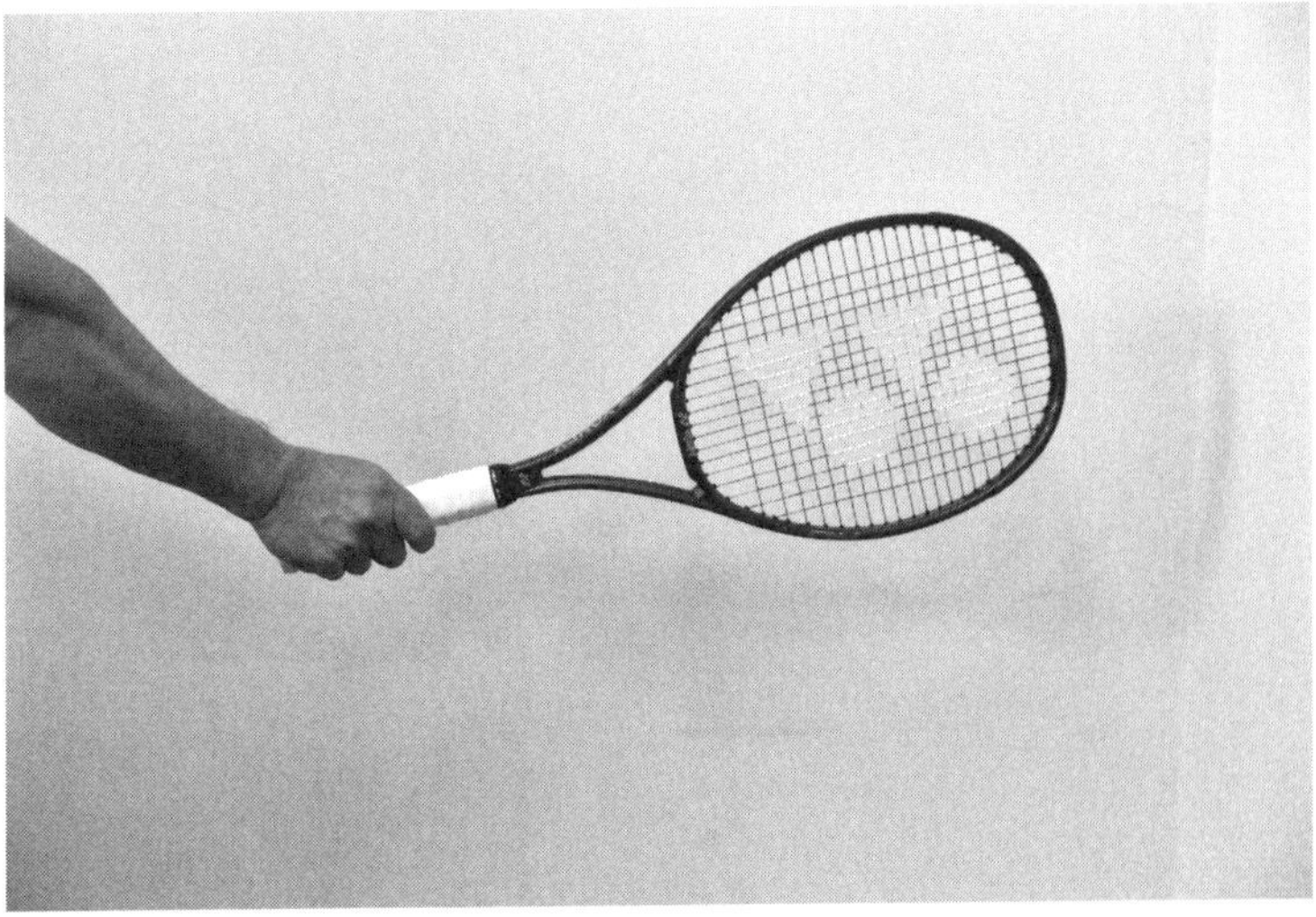

「薄いグリップ」でフォアハンドを打つときの打点は、「厚いグリップ」で打つときよりも後ろめになる。

言えば、フライパンを握るときのグリップを「厚いグリップ」、包丁を握るときのグリップを「薄いグリップ」と覚えておけばＯＫです。

手のひらは27個の骨の組み合わせで4方向に動く

人間の手のひらはとても繊細で、テニスを行う上でも重要な役割を果たしています。テニス界で、「あの選手は手のひらの感覚が優れている」と評されれば、そのプレイヤーはテクニックに優れていることです。

小さな骨の組み合わせでできているのが手のひらです。この骨は27個もあり、人間の全身骨格の中で最多のユニットです。また、手首から先は、掌屈、背屈、撓屈、尺屈という4方向に働きます（写真14、15、16、17）。

理想は、どこにも「屈曲」が起きていない状態でボールを打つことです。この形が一番力が入るからです。

トッププロのインパクトをスーパースローで見ると、手首が4方向のどちらにも向いていない状態で打っているように思えます。ボールのスピードや回転に負けないいためには、これが一番ケガのリスクが少ない打ち方だからです。実際は、4方向の手首の動きを微妙に使っているのですが、そんなことを感じさせません。

ちょっと難しい話になってしまいましたが、要は、手先や腕がルーズだと小手先のショットとなってしまう、ということ。手のひらのセンサーはとても敏感なので、手首の4方向の動きを潰してしまっても十分打球のフィーリングを掴むことができるのです。

また、手のひらに関しては、6本目の指（写真18）を意識しているプレイヤーも多いと思います。もし、テニス選手の手のひらを見る機会があったら手のひらのヒールの部分に注目してください。間違いなく、そこが硬くなっているはずです。逆に人差し指は力を入れる場所ではないのでほとんどマメはできていないのです。

写真 14：背屈

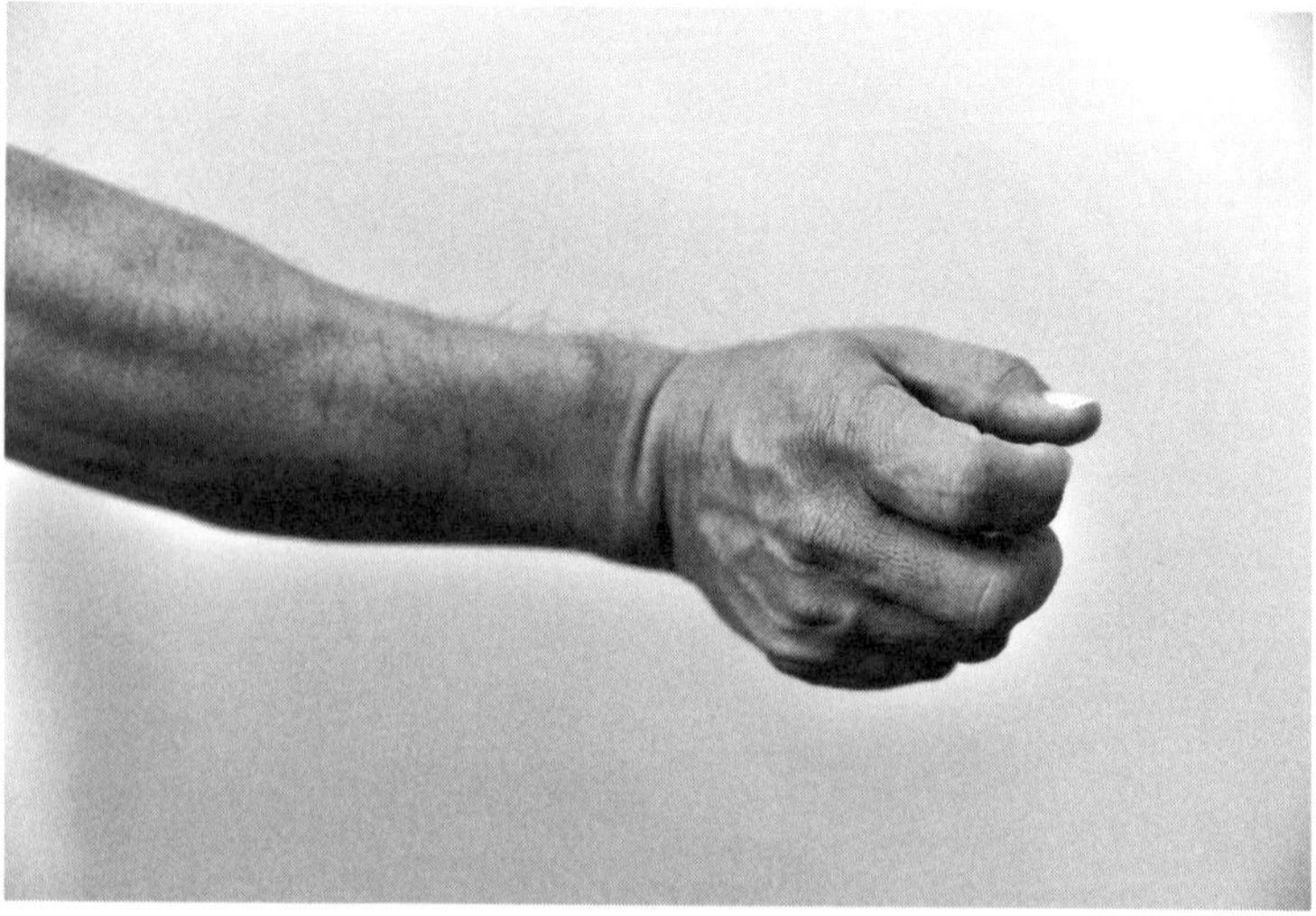

手のひらは 27 個の骨の組み合わせで構成されていて、4方向に繊細に動く。手首に写真のようなしわが寄るのが「背屈」。薄いグリップでテイクバックしたとき等に使う。

写真 15：掌屈

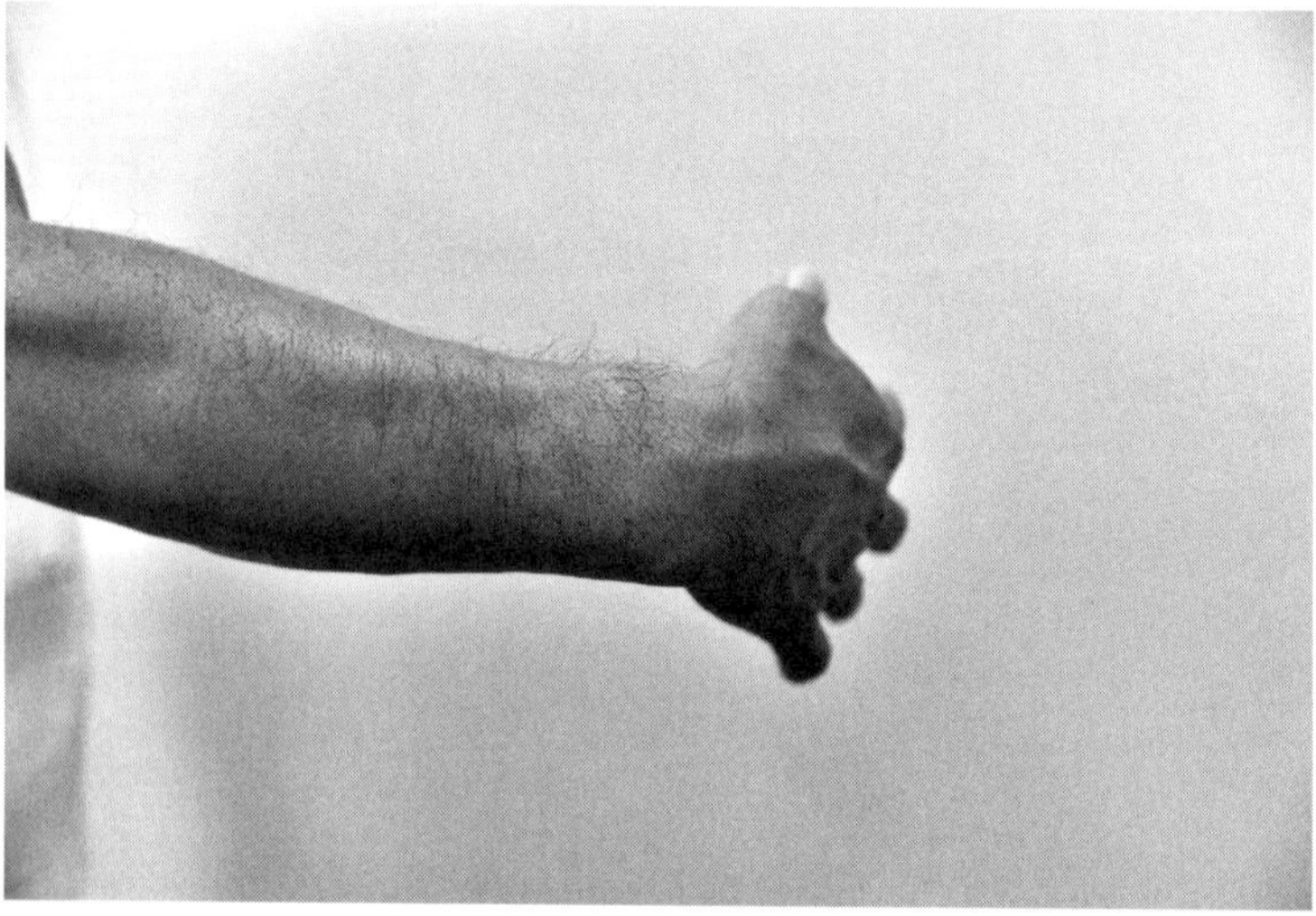

手のひらを写真のように使うのが「掌屈」。フォアハンドでボールを叩くときには意外にこの掌屈を使っている。

写真 16：撓屈

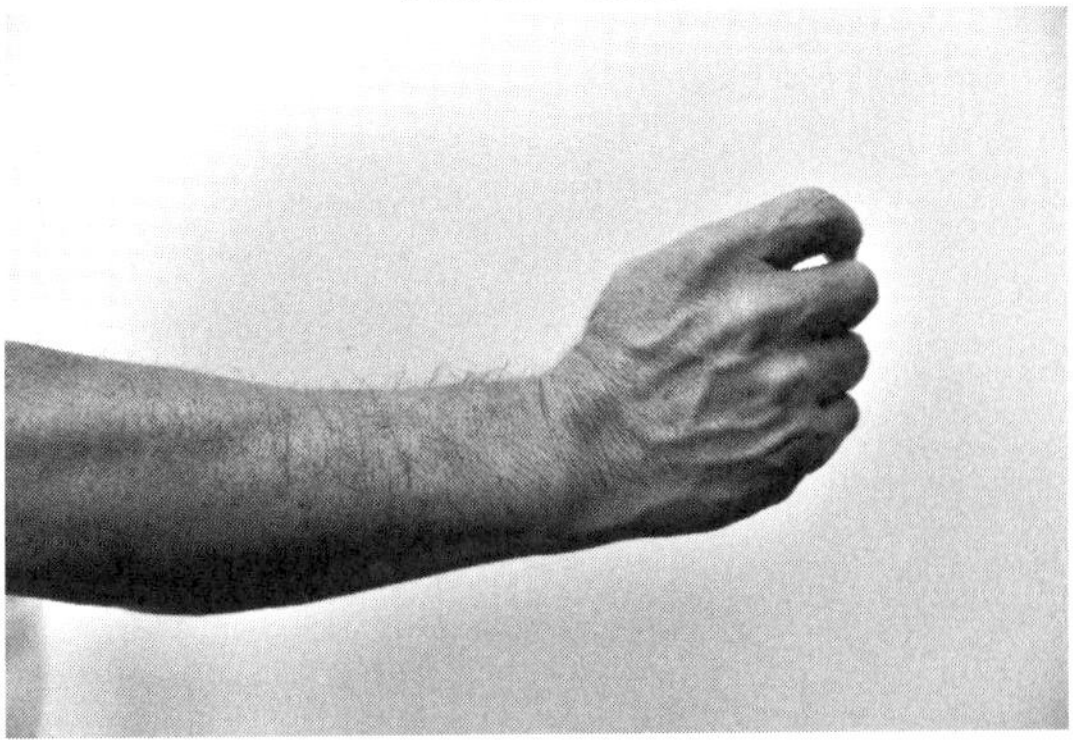

手のひらを親指側に持ち上げるときの運動が「撓屈」。薄いグリップでボレーをするときには、この撓屈を使うのが重要なポイントとなる。

写真 17：尺屈

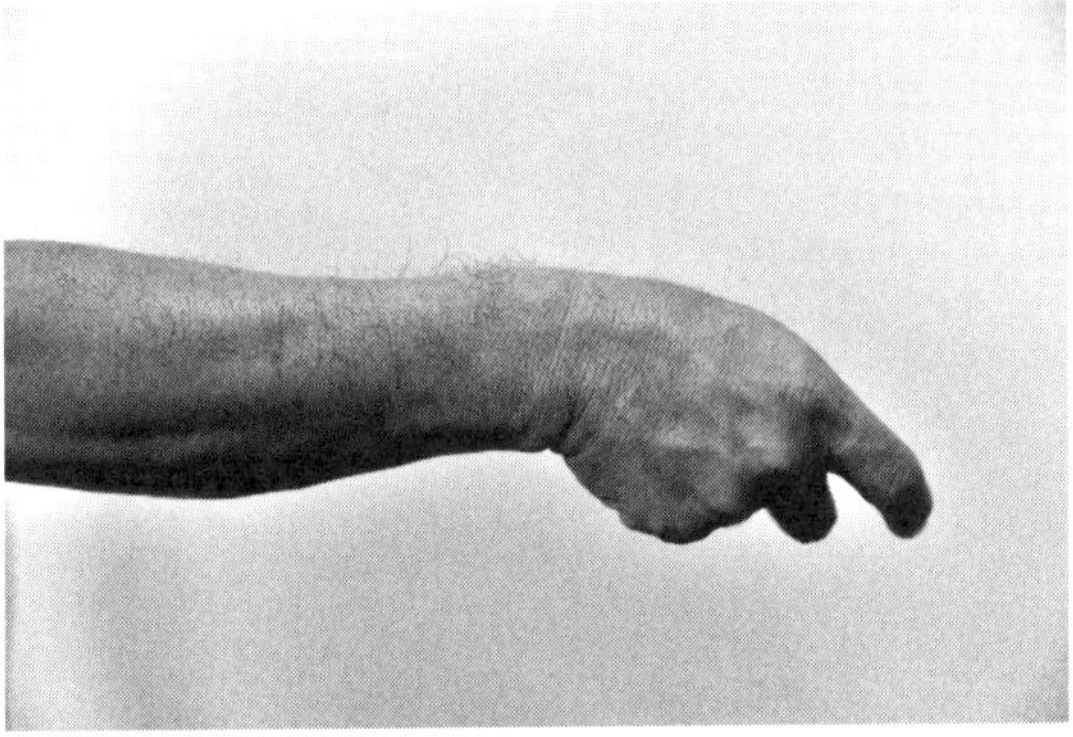

写真のように手のひらを小指側に下げるときの運動が「尺屈」。こうすると力が入りにくいのでテニスではあまり使うことがない。

写真 18：６本目の指

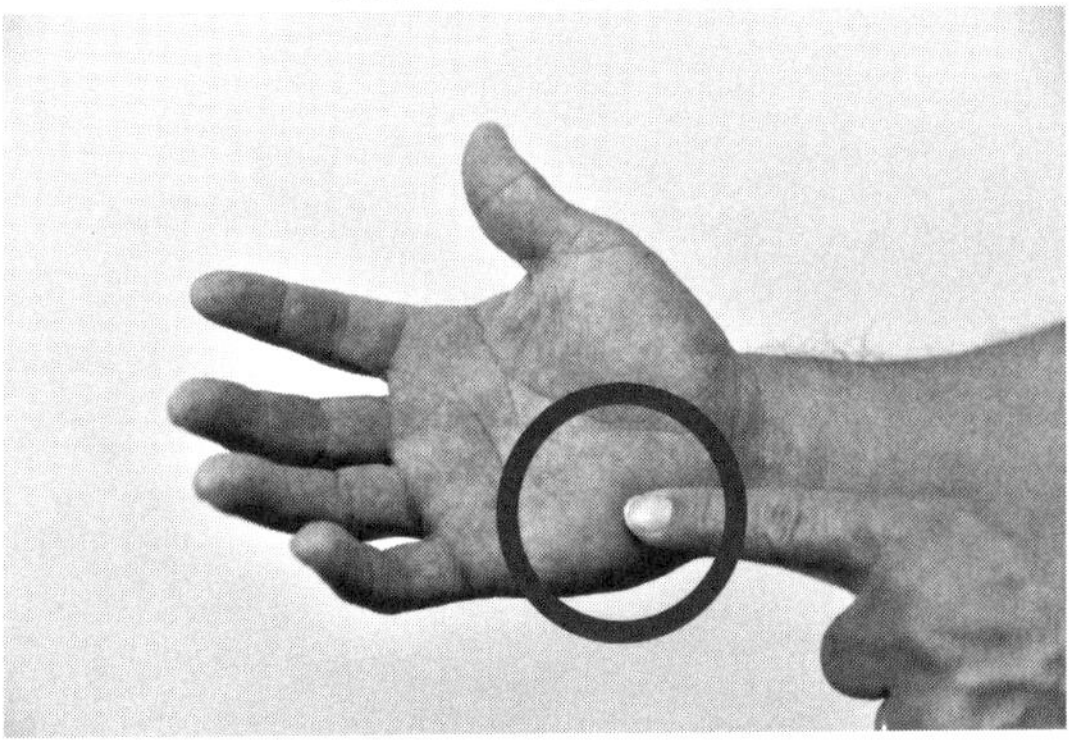

ボールを捕えるときのセンサー代わりになっているのが手のひらのヒール部分。ほとんどの上級者はこの部分が硬くなっている。

ラケットヘッドを下げないのが最先端のテイクバック

ラケットの引き方のことを「テイクバック」と呼びますが、このテイクバックも時代の流れとともに変化を見せています。ラケットを引いたときのポジションがどんどん高い位置になってきているのです。

ラケットヘッドが高い位置にあると、ボールを「引っ叩くような打ち方①」になり、ラケットヘッドが腰位置あたりにあると、ボールを「押し出すような打ち方②」に、また、ラケットヘッドが低い位置にあると、ボールを「こするような打ち方③」になります。

打ち出すボールの時、①は順回転がかかったフラット系、②回転量が少ないフラット系、③は回転量が多いトップスピン系ということになります。

最先端のテニスはスピード化しています。そのスタイルの中でもっとも使い勝手が良いのが、①の順回転がかかったフラット系のボールなのです。

テニス観戦をしていると、ほとんどの選手がラケットを立てたタイプのテイクバックをしています。ただし、ラケットを立てた形のテイクバックを保持するには案外体力が必要で、非力な女子選手はそれほど高い位置にラケットをキープできていません。

スイスのベリンダ・ベンチッチは才能がある選手としてジュニア時代からずっと注目していましたが、ラケットヘッドのポジションが高くなるにつれランキングも上がってきて、今ではトップ10に入っています。テイクバックのポジションが高くなったということは、筋力が付いてフィジカル的にかなり強くなったということでしょう。

テイクバックの仕方で忘れられないのは、クルム伊達公子選手です。普通スイングは、身体の後ろでラケットを上から回して「つの字」を描くような軌道（イラスト1）になりますが、彼女の場合は、ラケットを下に引いて「二等辺三角形」（イラスト2）を描くような軌道でスイングしていました。そんな独特なスイングで、タイミングを合わせるのが難しいライジングショットを平気で打ち込んでいたわけです。伊達公子2世は現れていません。誰にも真似できない異質のスイング。それが彼女の強さの秘密だったのです。

イラスト1：つの字

ラケットを上から回して身体の後ろで「つの字」を描くような軌道。

イラスト2：二等辺三角形

ラケットを下に引いて身体の後ろで「二等辺三角形」を描くような軌道。

試合を支配するのは「ボールの深さ」

テレビ観戦していると、ボールのバウンド跡を示したデータが出ることがあります。それを見ると、ボールの深さとスコアがたいていの場合リンクしています。深いボールを打っているほうがたいてい勝っているのです。

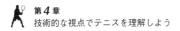

これはプレー・ポジションを考えれば当然です。選手はだいたいベースラインのすぐ後方に立っているので、ボールが浅ければ踏み込んで打ってきますが、深ければ踏み込むことができません。また反応が遅くなれば振り遅れも出てミスヒットも増えます。試合を支配するためには、「ボールの深さ」は大切なポイントなのです。

観戦するときに見逃してはいけないのは、どちらの選手がアベレージで深いボールを打っているか、という視点です。ジャパンオープンで優勝したジョコビッチの試合を見ていると、彼が一本のビッグショットに頼ることなく、徐々に徐々に相手を追いつめていくのがよくわかりました。試合後にお互いのデータが出ると、たいていジョコビッチのボールの方が深いわけです。深いボールは相手に無理を強いるので主導権が取れます。つまり、自分は楽をして、相手に無理をさせるテニス。これは38ページで紹介したアガシのテニスと同じ。長いラリーになると最終的にはジョコビッチが有利になるわけです。

要は相手をコントロールしているボールが増えれば増えるほど、自分が有利になるということです。それが選手の強さのバロメーターなのです。アベレージで深いボールを打っている選手はとても強いのです。そうしたボールを打つために選手たちは、42ページで紹介した図3のコートエリア3、4に落ちるボールを練習するわけです。

神谷コラム

ナダルは5でも構わない

「ラファエル・ナダルは、ラリー中のバックアウトが極端に少ない選手です。彼の持ち球は特別に強いスピンがかかったエッグボール。順回転によって急速にボールが落ちるのでバックアウトが少ないのです。また、バウンドしてからの弾み方も半端でないので、4と5の間ぐらいに落ちても返せないぐらいの球威があり、たとえ5に甘くボールが落ちたとしても相手に踏み込まれて叩かれることはありません。ベースラインぎりぎりを狙わなくても済む安心感が彼のテニスを支えているのです」

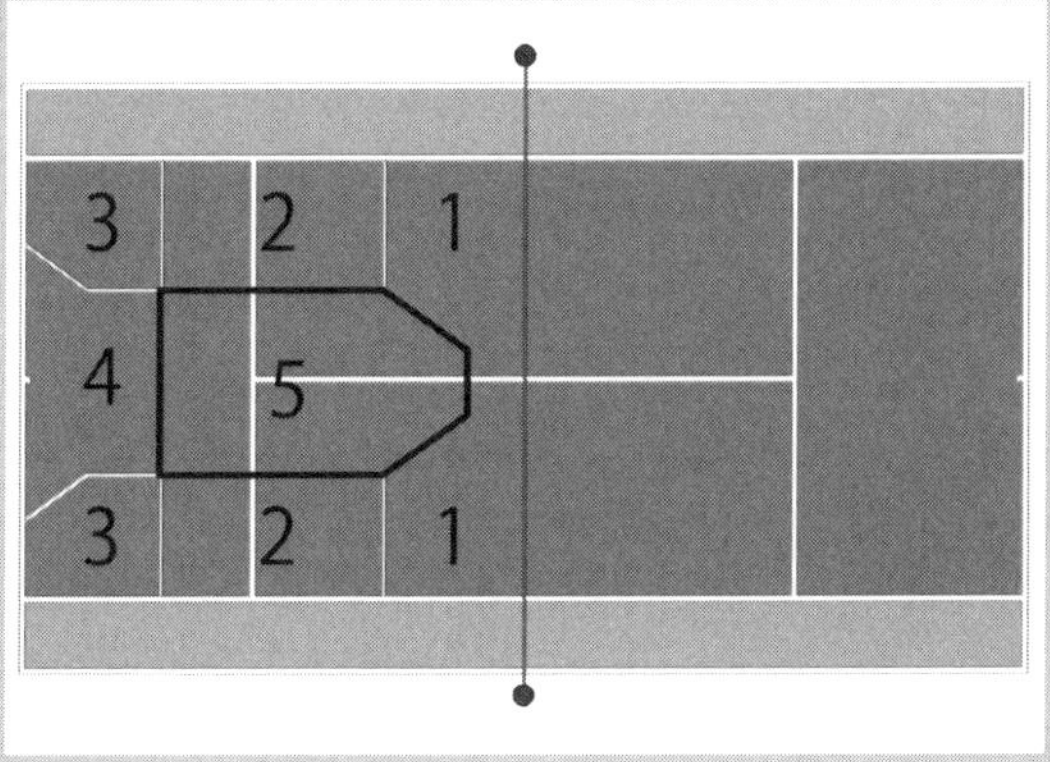

ナダルなら5に落ちても大丈夫！

まっすぐに打ったボールは「ストレート」、それとも「ダウン・ザ・ライン」

テニスの試合を突き詰めると、決まった広さのコートで、障害物（ネット）を超えて、相手より一本でも多く返せば勝ち、というゲームと言えます。つまり、勝つコツは、「相手より先にミスしない」ということです。逆の言い方をすれば「相手に先にミスをさせるゲーム」とも言えます。

こうしたゲームを自分のものにするためのポイントは、相手を動かして「オープンコート（図12）」を作ることです。そこをうまく攻めるのが攻撃の基本となります。

オープンコートというのは、相手のポジションによってできる相手コートの空きスペースのことです。単純にいえば、相手を左に走らせれば右に、右に走らせれば左にオープンコートができます。それを作るために様々なショットを組み合わせるのがテニスの戦術であり、醍醐味なのです。

図 12：オープンコート

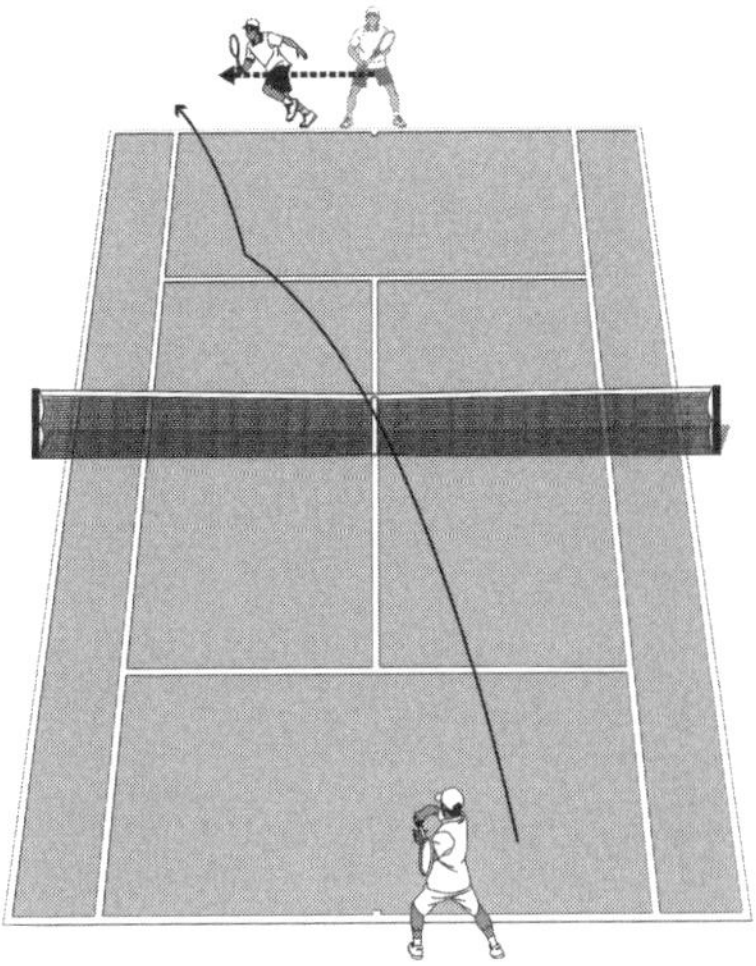

相手のポジションによってできる空きスペースのこと。相手が右にいれば左に、左にいれば右に、前に出れば後ろにオープンスペースができる。

テレビ観戦していると、打つコースについての名称がたびたび出てきます。コースについての名称を図で用意したので覚えて行きましょう。

クロス（図13）、ストレート（図14）、ダウン・ザ・ライン（図15）、逆クロス（図16）の4つがコースに関する主な名称。クロスのことをクロスコートと言う場合もあり、ダウン・ザ・ラインとストレートは明確な使い分けはされていない印象です。試合観戦では、上の4つの用語を覚えておけばそれでOKです。

図 13：クロス

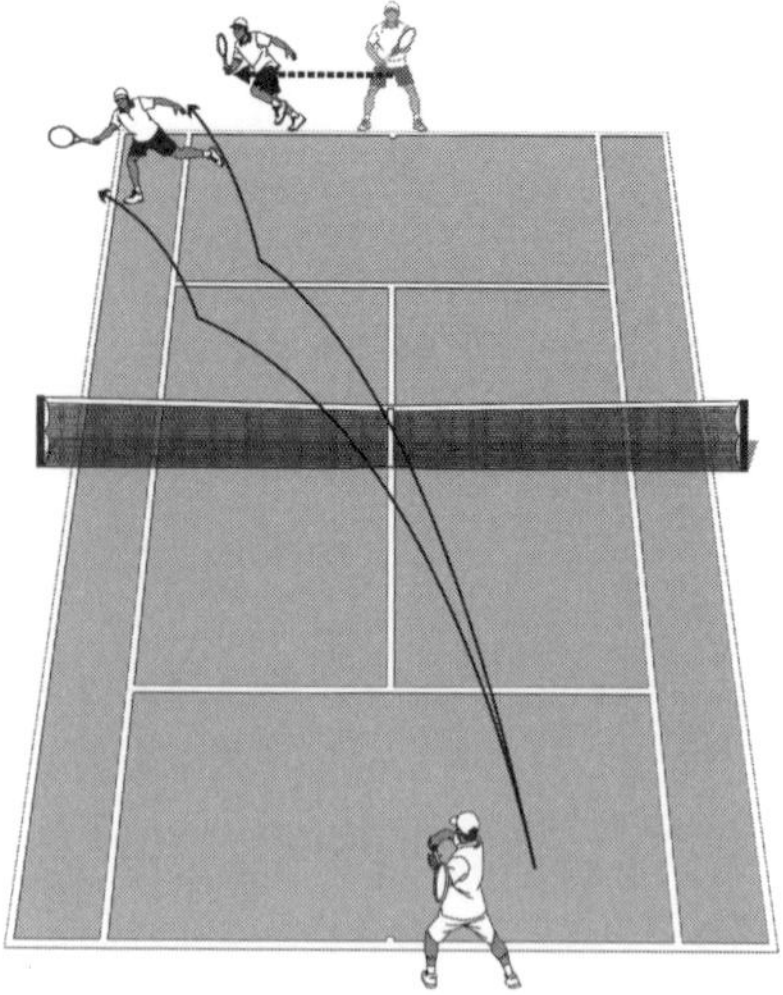

基本的に斜め方向に打つショットがクロス。クロスコートのショットと言う場合もあるが厳密な区別があるわけではない。意図的に角度をつけて打ったボールは「アングルショット」と呼ばれる。

図 14：ストレート

センターにポジションして、左右に少し動いてまっすぐ打つショットがストレート。以前はクロスに対してストレートという区別で使われていたが、ダウン・ザ・ラインという用語が一般的になってきてからはテレビではあまり使われなくなってきた。

図15：ダウン・ザ・ライン

サイドラインに沿ってまっすぐに打ち出されるボールがダウン・ザ・ライン。「フェデラーの見事なダウン・ザ・ラインのパッシングが決まりました」というようにスーパーショットが決まったときに使われる傾向がある。

図 16：逆クロス

バック側にきたボールに対し回り込みのフットワークを使ってフォアでクロスに打つショットが逆クロス。現代テニスでは単純にバックで返さずに回り込んで逆クロスに打つフォアハンドが大きな武器となっている。

カウンターってどういうショット？

ジュニアから学生、プロまでかならず行っている練習に「クロス↓クロス↓ストレート」という3本1セットのドリルがあります（図17）。球出しで行う基礎練習でも行うし、1対1で行うラリー練習でも行います。この練習のキモは3本目で打つコースを変えること。その意味では応用練習としてストレート↓ストレート↓クロスを行うこともあります。

この3本目にコースを変えるボールが、いわゆる「カウンターショット」です。これは実戦でも多くの場面で見られるショットです。とは言っても、カウンターショットの厳密な定義はありません。何となくですが、「展開を変えるショット＝カウンターショット」となっている気がします。

カウンターショットという用語をよく耳にするのは、それが決まったときに鮮やかな攻撃になるからです。

ラリーで難しいのはコースを変えて打つことです。「クロスからきたボールをダウン・ザ・ラインに切り返す」なんて、一番格好良い決め方。カウンターショットには「難しいことを成功させた」という裏の意味もあります。

しかし、カウンターにはもう少し広い意味もあるような気がします。例えば、クロス→クロスと来て、ストレートを予測している相手に対し、3本目もクロスに打って、それで相手の逆を突くことに成功したら、それも広い意味ではカウンターショットに含まれます。

相手の動きがよく読めているときに、面白いように決まるのがカウンターショットです。若手ナンバー1プレイヤー、アレキサンダー・ズベレフは、「調子が良いときは相手の動きがスローに見えて自分だけが素早く動けているようなイメージがある」と言っていました。そうなれば、面白いようにカウンターが決まるはずです。これからもグランドスラム大会になると、上位まで進出するズベレフのプレーを見る機会が多くなると思います。彼は当代一のカウンターショットの使い手です。ぜひ参考にしてください。

図 17：クロス→クロス→ストレートの練習

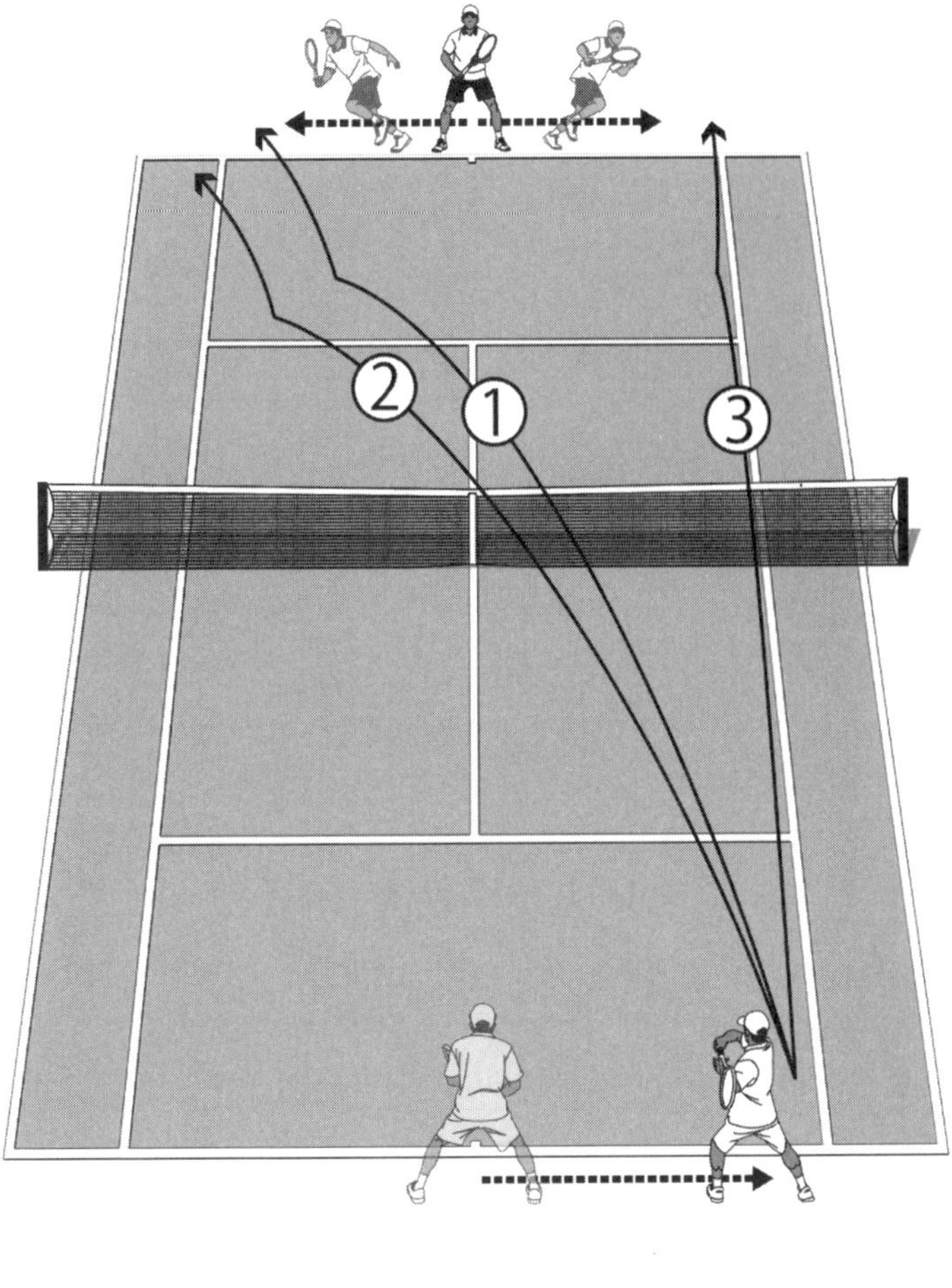

クロス→クロス→ストレートの練習では、１本目のクロスと２本目のクロスの質を変えることでさらに実戦に即した練習となる。また、３本目のストレートは距離のコントロール（球足の長さ）は必要なく、正確にコースを突くことだけ考えて打つように。

テニス用語も進化「ポジショナルプレー」と「フォロー・ザ・ボール」

「ストレート」という用語が「ダウン・ザ・ライン」と呼ばれるようになったように、テニス界では、これまで感覚的に感じていた事象を言語化していこう、という傾向にあります。

例えば、サッカーでよく使われるようになった「ポジショナルプレー」という考え方は、これからはテニスでも使われるようになると思います。サッカーでのポジショナルプレーとは、ボールを持っていない選手がボールの位置を把握しながら、どこにポジションを取るのが適切か、といった考え方やフォーメーションのことを指し、それがとても重要とされています。

テニスでも大切なのは、ボールを打った後の動きやポジショニングなのです。

ボールを打った後の基本は、センターに戻ることですが、実際は、自分が打ったボールの質（深さ＋スピード＋回転）によって、センターマークから左右にズレたポジションを取っています。そのポジションに返ってくる可能性がもっとも高いからです。たったの50センチ、1メートルのことかもしれませんが、そうした100％のポジションをキープできることが大きいのです。

選手がサービスを打った後のポジションを観察すると、彼らが実に細かくポジションを変えているのがわかります。最近のプロテニスでは、バック側のボールでも回り込みのフォアハンドで打つことが多いので、センターマークよりも左側のポジションに位置する選手が多くなっています。そうなると必然的にオープンスペースはコートの右側にできます。そこで大切になるのがバックハンドで打つダウン・ザ・ラインのショットということになるわけです（図18参照）。

サッカーにしろ、テニスにしろ、こうしたポジショナルプレーに長けている選手は「球技脳」が優れていると言えます。攻撃するときの基本は、相手がいないところにボールを打つことですが、球技脳に優れた選手は、わざといない場所を作り、そこに打たせてカウンターを狙っていたりします。そういうやり取りや戦術が理解できるようになると、テニスの面白さが一層わかるようになります。

フォロー・ザ・ボール

最近使われるようになってきた用語に「フォロー・ザ・ボール」というものがあります。これはベースラインからネットに出ていくときの動き方を表すこと(図19参照)で、これまでは単に「アプローチショットを打ってネットに!」と表現されていました。

私たち指導の現場では、ネットに出るときは「ボールを追うように!」と言うのが常識です。なぜなら、ボールを打った方向に出るのがポジショニングとして最適で、もっともボレーの守備範囲が広いからです。

図 18：ポジショナルプレー

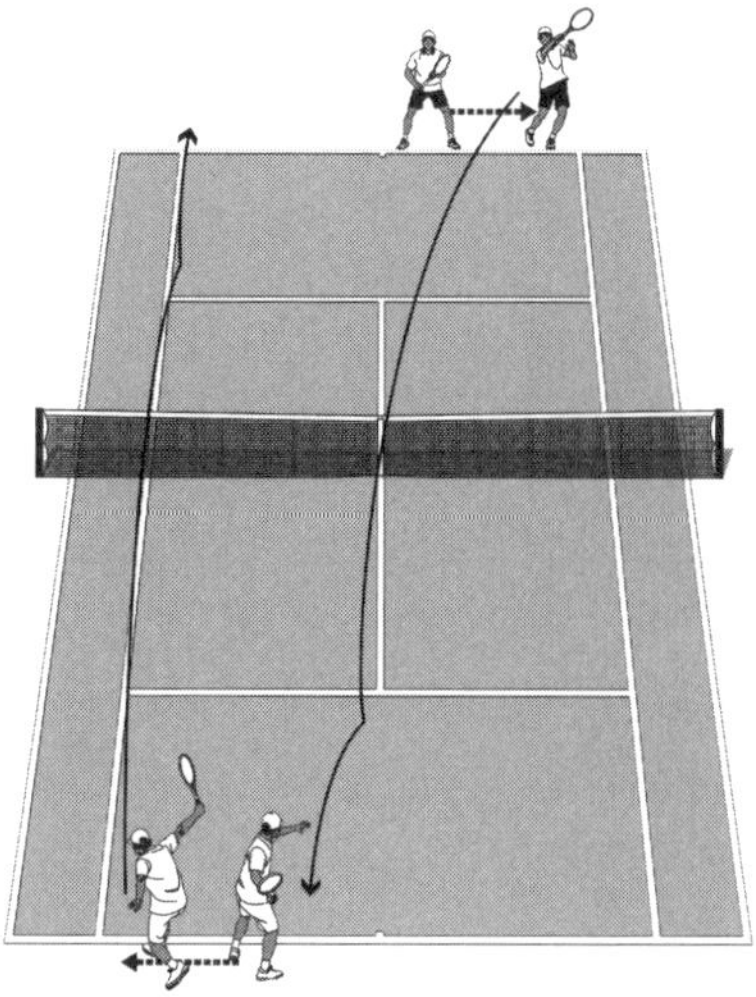

ボールを打った後はセンターマーク付近にポジションするのが基本と言われるが、ポジショナルプレーの考え方からすると必ずしもセンターにいるのが正解ではない。

図 19：フォロー・ザ・ボール

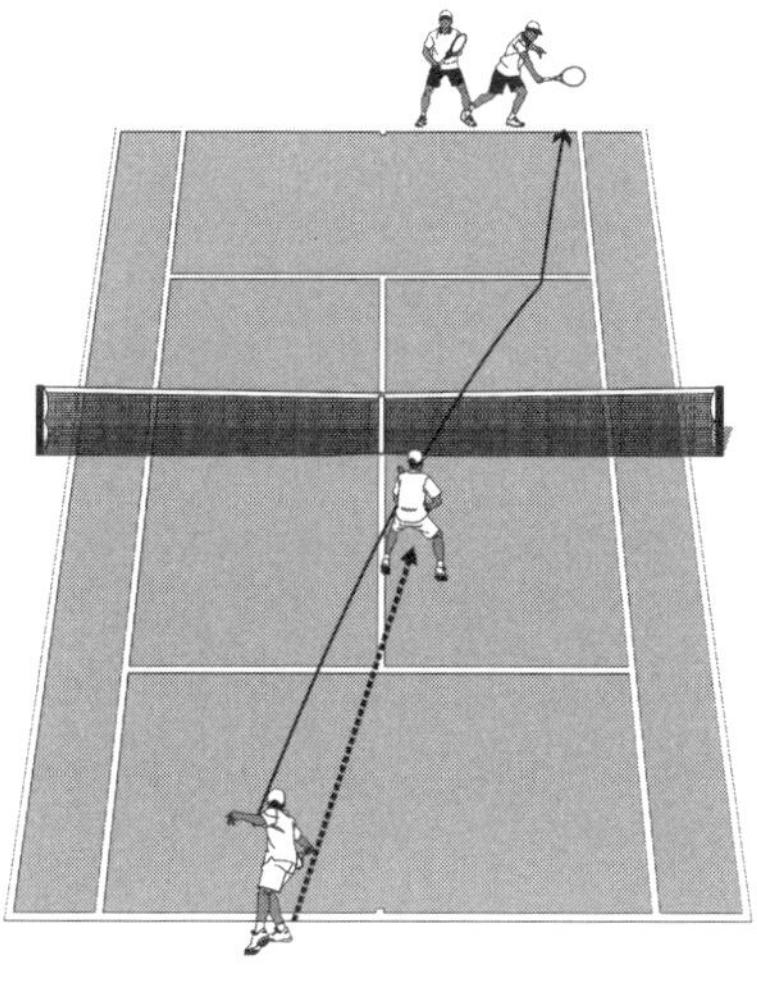

アプローチしたボールを追うようにポジションを上げていくのがフォロー・ザ・ボールの考え方。そうしてタイミングを見てスプリットステップを行い理想的なボレーのポジションを確保する。

昔は「ムーンボール」。今は「エッグボール」

テレビ画面でテニス観戦するときは、タテ位置でプレーを見ていますが、会場に行ってヨコ位置からプレーを見ると、思っている以上にボールの軌道が高いことがわかります。もの凄いスピードボールがネットぎりぎりに飛んでいるようなショットでも、ネット上では30センチくらい高い位置で飛んでいるはずです。

テニスというスポーツの面白いところは、ボールの高さに制限がないということです。１９８０年代はトップスピン全盛時代で、クレーコートの試合になると、とにかく回転量の多い山なりのボールを打ち合うようなテニスが目立ちました。その頃、そういったボールを得意とする選手は、「クレースペシャリスト」と呼ばれ、土のサーフェスで無類の強さを見せました。ただその一方で、ボールのスピードが速い芝のウィンブルドンなどは苦手で、どうせ勝てないからと、エントリーすらしない選手もいたほどです。

彼らのようなクレースペシャリストが打つボールは、「ムーンボール」と呼ばれていました。ムーンボールは高い弾道で順回転が効いていて、バウンドするとベースラインのはるか後方まで弾みました。ボールの質としては「安全」かつ「守備的」。ミス待ちのテニスだった時代には適したボールだったのです。ただクレースペシャリスト対クレースペシャリストの試合になると、延々とベースラインで打ち合う持久戦になりがちで、試合自体は退屈なものでした。

しかし、そうしたクレースペシャリストの中から、1990年代に入るとカルロス・モヤ、そして2000年代に入るとラファエル・ナダルという進化系が生まれ、ボールの弾道は徐々に低くなり、同時に軌道も変わってきたのです。

「エッグボール」という言葉を日本に持ち込んだのは松岡修造選手を育てた世界的名コーチ、ボブ・ブレット氏です。2000年代に入って、修造チャレンジのコーチとして日本にやってきたブレット氏は、ジュニア達のボールを見て、「もっと重いボールを打たなければ世界では通用しない」と指摘。その後に導入したのがエッグボールの概念でした。

図20：エッグボールとムーンボールの軌道

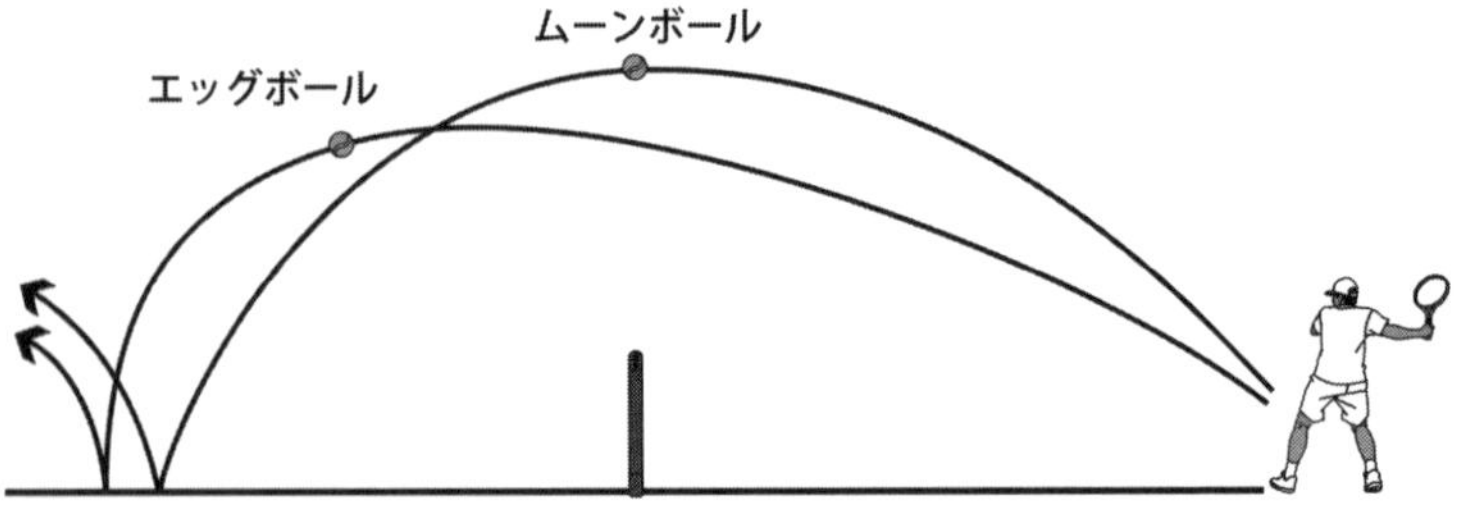

ムーンボールの頂点はネット上だが、エッグボールの頂点はネットを越えたはるか先にある。

エッグボールは簡単に言えば、「安全」かつ「攻撃的」なボールのことです。エッグボールの弾道はネットのはるか上。絶対にネットミスが出ない高さです。またその頂点は、ネットの上ではなく、もっと相手コートのベースラインに近いところにあるので、バウンド後も威力を保つボールとなります。

ナダルやフェデラーが打つエッグボールは、打った瞬間はアウトする弾道ですが、ベースライン際でグッと急激に落ちて、バウンドしても凄く勢いがあります。そうして相手をベースラインに釘付けにして、ゲームの主導権を握るのです。

今は世界のトップでエッグボールを打

てない選手はいません。日本選手でもスピンボールをしっかりと打てる選手はみんなエッグボールを打っています。まさに今や世界標準となっているのがエッグボールなのです。

進化するテニス。片手打ちバックハンドの選手が増加中

２０１９年のＡＴＰツアー最終戦は、ギリシャの新星、21歳のステファノス・チチパスの優勝で幕を閉じました。１年を戦ってきたランキング上位８選手だけで競う真のチャンピオン決定戦。チチパスの優勝は価値のあるものと言えるでしょう。

この最終戦に出場した８選手はランキング順に

１位　ラファエル・ナダル

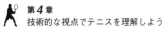

2位　ノバク・ジョコビッチ
3位　ロジャー・フェデラー
4位　ダニール・メドベージェフ
5位　ドミニク・ティエム
6位　ステファノス・チチパス
7位　アレキサンダー・ズベレフ
8位　マテオ・ベレッティーニ

そしてリーグ戦を勝ち抜き準決勝に勝ち進んだのはフェデラー、ティエム、チチパス、ズベレフの4選手でした。ナダルもジョコビッチもリーグ戦で敗退してしまったのは驚きでしたが、それ以上に新しい潮流を感じたのは、決勝を戦ったチチパスとティエムの2人。彼らの共通項は片手打ちバックハンド。フェデラーも含めてベスト4のうち3選手が片手打ちだったのです。

コナーズ、ボルグの出現以降、両手打ち全盛の時代が長く続いていました。それが変化しつつあるのです。その先頭にいるのがフェデラーです。今や男子ツアーでは彼に続いてティエム、チチパス、さらにシャポバロフ（15位）、ワウリンカ（16位）、デミトロフ（20位）とトップ20に6選手も片手打ちバックハンドの選手がいるのです。

片手打ちバックハンドが増加している理由は2つあると思います。

一つは選手がフィジカル的に強くなったこと。そしてもう一つはラケットの進化です。身体が強くなって、片手でも力強くラケットを振れるようになりました。またラケットも素材の進化によって、さらによく飛ぶようになっています。そうなるともう両手を使う必要がありません。片手で打つバックハンドでも両手打ち並みの威力が出せるようになったのです。

トップのテニスはすぐに世界に波及します。これからビッグ3がいなくなった世界では、チチパスやティエムがナンバー1の座を競うことになるのでしょう。そうなるとますます片手打ちが増えてくると思います。

左右フォアハンドの時代がやってきても不思議ではない

いつになるかはわかりませんが、次の時代では「左右フォア打ち」という選手が出てくる可能性があります。事実、北海道にはそうしたプレースタイルのジュニアがいました。以前はチャレンジャーレベルの選手で、左右両手でサービスを打つ選手がいたくらいですから、左右フォアハンドの選手が生まれても不思議ではありません。
私たちのような指導者にとって重要なのは固定観念から選手の芽を摘んでしまわないことです。「絶対こうだ！」なんて、もう今の時代にマッチしていません。

神谷コラム

進化の先にあるノーバウンドストローク

「ますます高速化している現代テニスですが、今トレンドとなっているのは『相手の時間を奪う』という思考です。これは、相手に時間的な余裕を与えない、相手に十分な構えをさせない、という戦術のことを指し、具体的には、相手のボールを早いタイミングで打ち返すことで成り立ちます。テレビ観戦していると『おっと、ここでポジションを上げてきましたね！』といったコメントを聞くことがあると思いますが、ポジションを前に取るのも相手の時間を奪うのを目的としています。最近のフェデラーを見ているとベースラインの中に入ってノーバウンドでストロークする場面をよく目にします。あれなんて究極の時間を奪うショットと言えるでしょう」

たったの1キロと言うことなかれ テニスの走行距離1キロはメチャクチャきつい

テニスのスポーツ特性としてよく言われるのは、「テニスは瞬発系の運動能力と持久系の運動能力の両方が必要」ということです。たしかに、咄嗟にボールを追うときには瞬発力が必要だし、1セット1時間を超えるようなロングマッチでは持久力も必要です。

テニス選手の運動能力で有名なエピソードとしては、オーストラリアのパトリック・ラフターが、0～5メートル走でベン・ジョンソンより速かった、というものがあります。トップ選手のスタートダッシュの能力は常人を超えているのです。また、ビヨン・ボルグの心拍数は35で持久力はマラソン選手並みだった、という伝説もあります。

最近は1セットあたりの走行距離というものが出るようになりました。1セットで接戦になると1キロくらいの数字が記録されます。ここで記録された1キロは、ゴー

&ストップを繰り返しての1キロ。とてつもないエネルギーを使っているのです。

テニスで大切なのは初動です。動き始めが大事なのです。例えばボールを追うときには早めに追いついて、打つときには止まっている必要があります。スタートするときの筋肉と動きを止めるときの筋肉、その両方を鍛えなければいけません。

ジュニアに対する講習会などでは、「獲物を狩る肉食動物のような動きをイメージしなさい」とよく言っています。多くのジュニアを見てきましたが、小学生年代ならテクニック的に多少うまくいかないことがあっても、動きがしなやかな子どもの方が確実に伸びます。テニスを本気でやってみたいと思うのなら、オンコートでボールを打つ時間と同じくらいオフコートのトレーニング時間も取ってください。もし、ラファエル・ナダルと同じ脚力と体力があれば、テクニックがなくても相当勝てます。「打てる、打てない」と同様に、「追える、追えない」もテニスが強くなる大切な要素なのです。

第5章

観戦後に上達できる練習法

うまくなるための観戦術
プレーを見るだけで本当にうまくなるのか？

このテーマに関しては、ファン目線と我々のようなコーチ目線からの両方で考えていくことにしましょう。まずはファン目線から。

テニスファンに絶対見てほしいのは、選手は思っているほど難しいことをしていないという点です。だから初めての観戦でも試合を楽しむことができるのです。トップで戦っている選手たちは無駄なことを省いて、省いて、とてもシンプルで効果的なプレーをしています。力の差が大きければ一方的な試合になりますが、ジャパンオープンのような大きな大会では、お互い力が拮抗しているので、たいてい面白い接戦になります。最初は2人が打ち合う息吹を感じるだけでドキドキしてしまうでしょう。

観戦に行ったら「好きな選手を発見する」ことが、テニスを好きになる、そしてうまくなるための第一歩です。一人の選手を通じてテニスというスポーツの全体を感じることができます。またその選手と戦う相手を知ることで、いろんなタイプのテニスがあることがわかってきます。そうやって肌でテニスを感じるのが生観戦の良いところです。

気になる選手というのは、たいてい強い選手で、名前が売れていて、シードもついていることでしょう。「この選手が勝ち上がったら次はどんな選手と対戦するのだろう?」……そう思い始めたあなたはきっと会場に着いたときよりテニスが好きになっているはずです。

シードとノーシード選手の差は?

会場に行くと大きな対戦表が据えられているはずです。ドロー表の横に数字がついているのがシード選手です。ジャパンオープンのような32ドローの大会では第1～8シードまで、グランドスラムの128ドローの大会では第1～32シードまでついています。シードは、強い選手同士が早いラウンドで当たらないための工夫ですが、実力が拮抗しているトッププロの試合ではシードダウンがしばしば起こります。

32人もシード選手がいるグランドスラムでは、下位シードの選手は結構早いラウンドで姿を消してしまいます。なぜならランキング32位の選手とランキング33位以降の選手との実力差なんて、あってないようなものだからです。

ラファエル・ナダルは「僕らとランキング100位の選手の差なんてほんのちょっとしたもの」といつも言っていますが、それは社交辞令でも何でもありません。錦織圭選手がランキング下位の選手に負けると、新聞では「錦織、格下に敗退！」なんて見出しが躍ります。ですが、こういう情報は誤っています。ランキングが上だからといって、簡単に勝てるような甘い世界ではないのです。

ドロー表の話に戻りますが、よく見ると選手の名前の横にWC、Q、LLなんて英字が入っているのを発見すると思います。こうした選手に注目するのも面白い観戦法です。なぜなら、そうした選手はランキングは低いかもしれませんが「こいつはやるぞ！」という選手だからです。

WC（ワイルドカード）は主催者の推薦枠のことです。地元（母国）の選手を選んだり、エントリーしていなかった大物選手に与えたり、と主催者が大会を盛り上げるために自由に使えます。

Ｑ（クオリファイ）は「予選上がり」の選手のことです。予選を勝ち上がったということは相当調子が良い、ということ。シード選手が予選上がりの選手に食われるのは珍しくありません。

ＬＬ（ラッキールーザー）はそれこそラッキーな敗者と言う意味で、予選の最終ラウンドでは負けてしまったけれど、本戦出場選手枠に空きが出たときに繰り上がって出場することができます。

ドロー表を見るときは、誰と誰が当たるという組み合わせだけでなく、選手名のわきの数字や、ＷＣ、Ｑ、ＬＬなどのアルファベットに注目するのも楽しいですよ！

コーチの目線で選手のプレーを見ると

私たちコーチは、新人が現れたときや有望なジュニアの試合を見るときに、選手がしっかり鍛えられているのか、そこを見るクセがついています。

一番、わかりやすいのは、構えたときの「スタンスの広さ」です。大きく脚を開いて、そこからスプリットステップを踏みながら瞬時に動き出せる選手は鍛えられている証拠です。

その他にも、オフバランスになったときでも「軸」がしっかりしていたり、戦術的なプレーができている選手のことは、記憶に留めておきます。

また、見ている選手がかならずプロになるわけではありません。ジュニアなら、インターハイに出たい、大学テニスを経験してみたい、全日本選手権で活躍したいといった選手から、プロになりたい選手までいるわけです。そういったジュニアを育てているコーチなら、少なくとも「選手が目標とするゴールは見ておいてほしい」です。

選手それぞれのゴールはまちまちなのに、それを一括りに「頑張れ、頑張れ」では選手が嫌気を起こしてしまいます。コーチ仲間での会話では、「生涯に一人かもしれないけど、プロになって世界で活躍できるようなジュニアと出会いたいものだね！」と話すことがあります。選手を育てるのは簡単なことではないのです。

うまくなりたければテニス番組の録画が絶対スーパースローを繰り返し見よう！

もちろん生の試合観戦は迫力がありますが、うまくなりたければテレビ観戦だって捨てたものではありません。とくに最近は、多チャンネルだし、放映技術が圧倒的に進化していて、それを使えば時間短縮でうまくなるはずです。

テレビ観戦の最大のポイントは、終わったプレーをリプレイ映像で確認できるところでしょう。映像技術が日々進化していて、今のスーパースローなんて本当に凄い。とくに肉眼では見ることができないインパクトの瞬間も確認できて、我々コーチもアドバイスするときの根拠になったりしています。のんびりと試合を眺めるのも悪くありませんが、プレイヤーとしてうまくなりたければ、好きな選手の試合を録画して、スーパースローを何度も繰り返して見ることをお勧めします。

また、データを活用しながら試合を楽しむことができるのもテレビ観戦の良いところです。サービスキープ率（※1）、サービスブレイク率（※2）、サービススピード（※3）、ボールの回転量（※4）、選手の走行距離（※5）等々、様々なデータを紹介してくれます。

サービスキープ率（※1）

サービスゲームをどれだけの確率でキープできているかという数字。同時にファーストサービスとセカンドサービスにおけるキープ率が出る

サービスブレイク率（※2）

相手のサービスゲームをどれだけ破ったかという数字。これとは別にリターンゲームの数字だけを取り上げたデータが出ることもある

サービススピード（※3）

サービスのスピード。最高速度の他にファーストサービスとセカンドサービスのアベレージ速度が出る

ボールの回転量（※4）

ボールの回転などを後送処理できるトラックマンを採用している大会では、打った

写真 19：テニスの結果データ（サマリー）

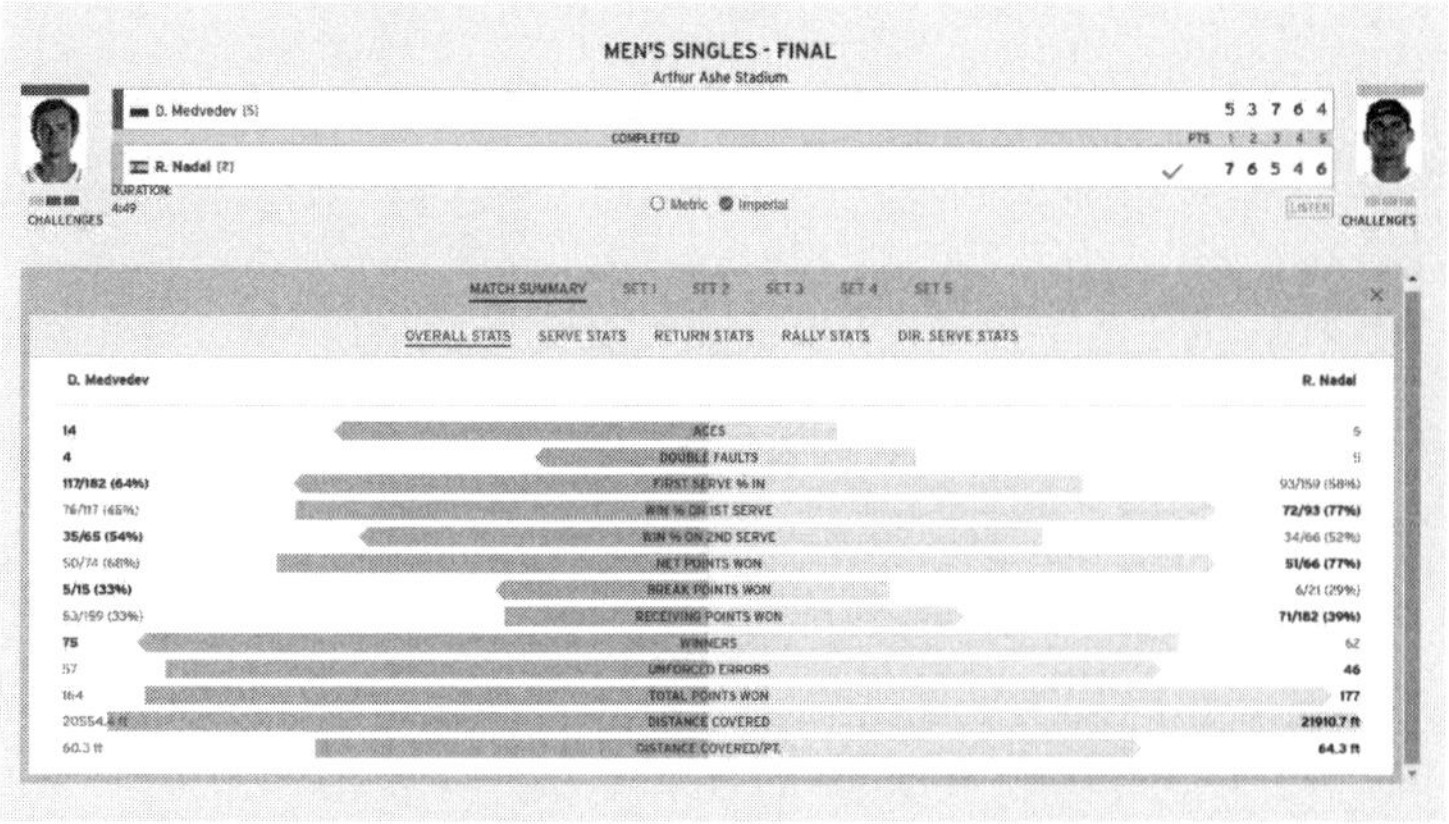

グランドスラム大会などをテレビ観戦しているときなどにセット終了毎に表示されるデータの集計表。ファーストサービス、セカンドサービスの確率から、ウィナー数、アンフォーストエラー数など、そのセットにおける両選手のデータが一目瞭然でわかる。

US オープン HP より
https://www.usopen.org/en_US/scores/stats/1701.html

ボールの回転量が表示されるようになってきた

走行距離（※5）

1セット毎のインプレー中の走った距離がデータとして出るようになってきた

そういった数字入りのデータ（サマリー）を比較しながら見ると試合が一層楽しくなります。

神谷コラム

サービスキープ率、リターンブレイク率の読み取り方

「過去のデータをすぐに取り出せるのもテニスの面白いところでしょう。例えばビッグサーバーの場合、10回サービスゲームが回ってきて落とすのは1回程度。つまりサービスゲームでは90％のサービスキープ率ということです。そういうことを知っているとブレイクされた場面を見られただけで儲け物くらいの気持ちになります。また男子50位以内の選手のデータでは、サービスで30－0としてからブレイクされる率は平均で5％。ブレイク率1位のナダルでも10％。錦織圭はジョコビッチと並んで8％で4位となっています。と言うことは、サーバーからすればポイントを2本続けて取ることがキープするための大きな鍵となっている、ということです」

どんな人がうまくなるの？テニスに向いている4つの資質

一般的な傾向として、今の男子テニスでは、200キロを超すスピードサービスが打てて、ベースラインの後ろからでも一本でエースを取れるビッグフォアハンドを持っていないといけません。その2つのショットは「標準装備」と言って構わない武器となっています。

また、身体のサイズはどんどん大きくなっていて、2019年急成長した、ダニール・メドベージェフ、アレキサンダー・ズベレフ、ステファノス・チチパス、マテオ・ベレッティーニらは全員190センチオーバー。それでいて素早く動けるのですから、ランキングを上げて当然です。

そうした世界トップのテニスは、これから個性をどう入れていくかが楽しみなところです。彼らのオフコートを見ていると、サッカーもみんな上手です。テニスボールでのリフティングを何十回もできる選手が結構います。身体的なコーディネーション能力が優れている証です。

テニスを「球技」として見た場合、身体的には、走る、捕る、投げる、打つ、の4つ能力がうまくなるためには必要です。それもムキムキの身体ではなく、細くても構わないので、野球のイチローのようなしなやかな身体があれば最高です。

またテニスでは、精神的に欠くことができない資質に「ずる賢さ」が挙げられます。これは相手の予測の裏を突いたりする能力につながります。もちろん「負けず嫌いの心」も必要です。子供の頃に見ていた杉山愛さんや吉田友佳さん、雉子牟田直子さんらは、練習試合でも負けると涙が溢れていました。

そういう子は厳しい練習でも頑張りが効きます。やっぱり強くなるのは、そういう心を持った子どもたちなのです。

うまくなるジュニア、ならないジュニア

テニスを普及させるという点では、子どもたちにはテニスをより身近に感じて楽し

んでほしいと思います。

テレビや現地の観戦もテニスを楽しめるポイントですが、実際にテニスをやってみたいと思う子どももいるでしょう。

ジュニアを育てた経験から言うと、小学校に上がる前の上手、下手なんて気にしなくてよいと思います。

コーチ（親）として覚えておいてほしいのは、教えるには順番があるということです。

私は、「基本フィジカル」→「テクニック」→「戦術」→「専門フィジカル」の順番が大事だと考えています。子どもは、神経系の発達が急なので、そこのタイミングでテクニックを入れていくのは間違っていません。ただ気をつけなければいけないのは、手先の器用さでテニスを覚えさせないことです。

野球でいったら、まずストレートをきれいなフォームで投げられるような、無駄がないフォームを身につけることが大切です。それと同様に無駄のないスイングでフォア、バックが打てるように指導していってください。枝葉のテクニックは、後になってからの指導でも大丈夫です。

また、ゲーム的な感覚（発想）を植えつけることができるのも、小学校低学年の年齢です。小さい頃からテニスを習っていると、得てして「相手に返す（ボールを繋ぐ）こと」が大事と勘違いしがちです。そうではありません。大切なのは「相手に取れないボールを打つこと」です。どうしたら相手が取れないボールを打てるのか……そういったアイディア（戦術）を、脳が柔らかい年齢から授けていきましょう。

そして最後が専門フィジカルになります。テクニック的な基礎がしっかりしてきたら強度の強いトレーニングを取り入れていきます。ここで大切なのは、その子どもの身体をわかった上でトレーニングメニューを組む、ということです。テニスに本気なら、ここでお金を使うべきです。個人レッスンを1回分受けるつもりで、テニスに精通したトレーナーに身体を見てもらってはいかがでしょうか？ また今は、インターネットでテニス選手のジュニア年代の運動能力を検索できたりします。そうしたデータや画像も活用していきましょう。

神谷コラム

錦織選手のルーツ

「錦織選手は小学5年生のときから我々コーチ間では有名人でした。テクニックと戦術の両方とも飛び抜けていたからです。ただし、『あのサービスはなんとかならないのか？』と批判されることもありました。たしかにサービスのフォームはぎこちなかったです。その錦織選手を育てた柏井英樹コーチとは、研修会で何度も一緒になりました。彼が凄かったのは、何もいじらなかったということです。『圭には100人に一人のボールセンスと100人に一人のゲームセンスがありました。そうすると100×100で一万人に一人の才能ということになります。圭をいじるのは私ではないと思いました。だからサービスもそのままにしておいたのです』。そんなことをさりげなく言えるのが柏井さんでした。その柏井コーチが早世されたことは残念でなりません」

うまくなる秘策は打法で悩まないこと　あなたはテクニックを頭で考えていませんか？

「どうしたらうまくなりますか？」という問いかけは、これまでに何度受けたかわかりません。こう聞いてくる生徒さんは、失敗なく、もっとボールを打てるようになりたい、と思っています。しかし、そう言われてもうまくなるための魔法があるわけではありません。もうこれは、たくさんボールを打つしかない、というのが本音です。

ところが中には「どうしたらもっと試合に勝てるようになりますか？」と聞いてくる生徒さんもいます。コーチとしてやりがいを感じるのは、こちらのタイプです。

打ち方に意識を取られると相手のことが考えられなくなります。逆に、相手のことばかり考えると打ち方が疎かになってしまいます。

プロ選手などは、打ち方のことを考えていません。オートマチックに身体が動くので考えなくていいからです。だからこそ試合では、相手を見る観察眼が大事になるのです。「どうしたら試合に勝てるのか？」という思考は、上達への大きなステップだと思います。ここではなかなかうまくならない人のテクニックがどうなっているのか、よくあるタイプを紹介してみましょう。

まず大きな間違いが見られるのは、ラケットの引き方＝テイクバックです。ラケットを手で引くと（写真20）、（写真21）のようになってしまいます。こうなると腕と手首がロックしてボールを弾くような打ち方になってしまいます。

ラケットは手で引くのでなく、上体を捻ったユニットターン（写真22）を使って、（写真23）飛んでくるボールに無駄なく打球できるところにラケットヘッドがあるのが正解です。「これでラケットが振れるの？」と思うかもしれませんが、何も考えずに腕を振ればラケットヘッドがピュっと走ります。ストロークやサービスでラケットヘッドを走らせる練習器具（エーストレーナー）を154ページで紹介しているのでぜひ参考にしてください。

また、一昔前の「グリップエンドを相手に見せるラケットの引き方（写真24）」は、もう古い指導法と言えます。

写真 20：テイクバック①

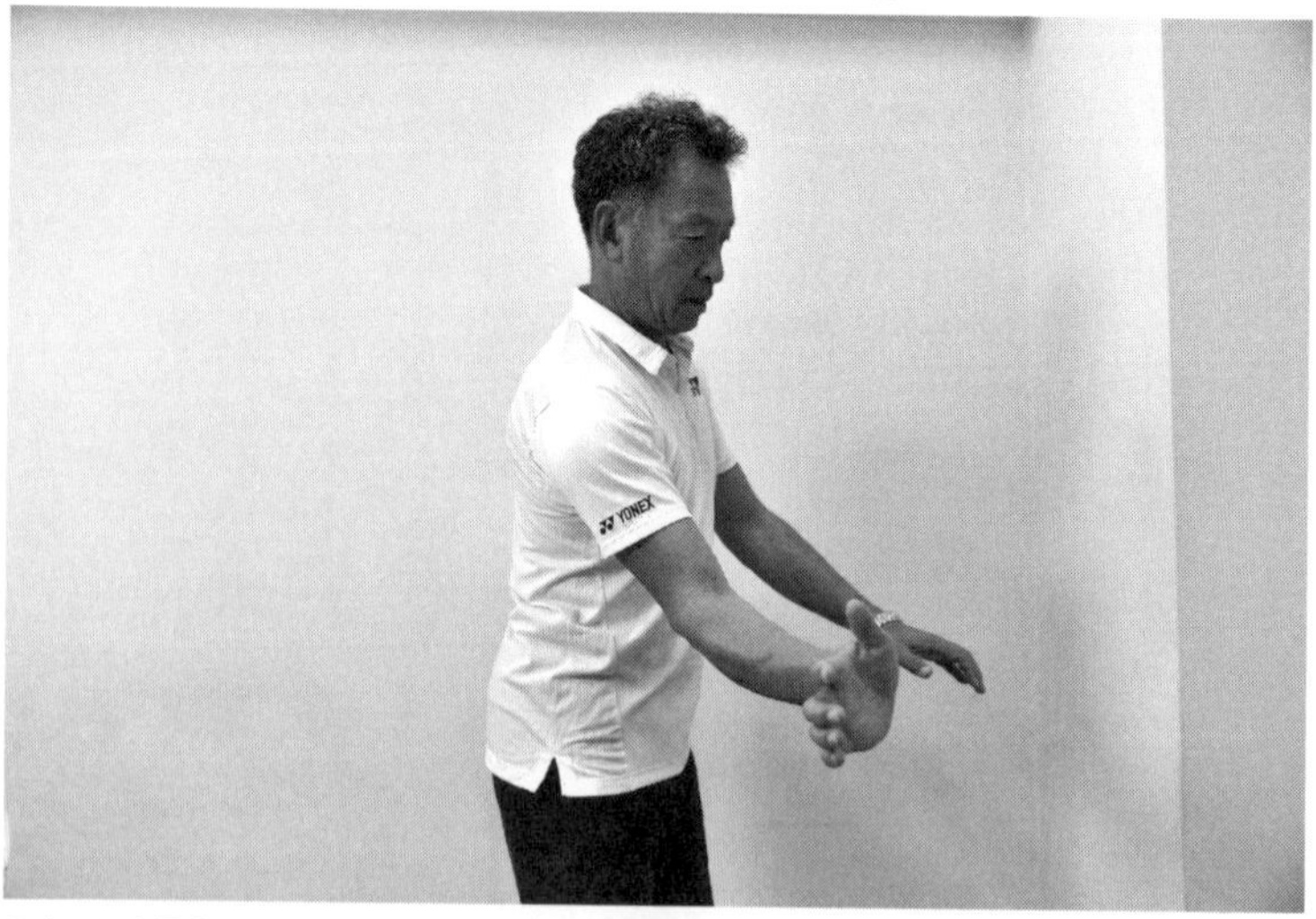

ラケットを用意したところからこの態勢。

写真 21：テイクバック②

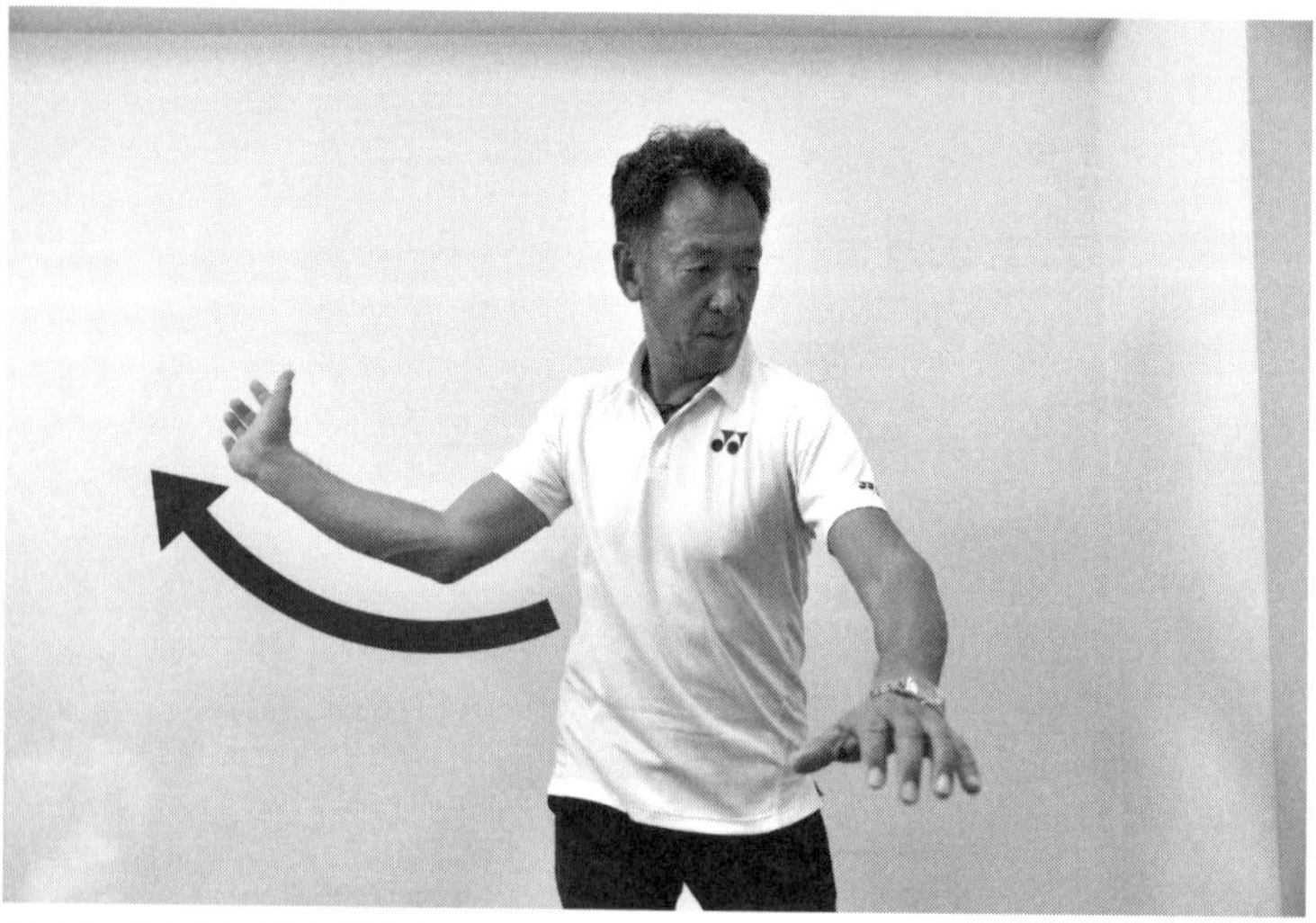

手で引いてしまうと腕と手首がロックしてしまう。

写真 22：上体を捻ったユニットターン①

ラケットを用意したところから上体を捻る。

写真 23：上体を捻ったユニットターン②

ユニットターンを使ったときのテイクバック。

写真 24：グリップエンドを相手に見せるラケットの引き方

20 〜 30 年前に流行った古いテイクバックの仕方。

神谷コラム

投げる動作を打つ動作に流用する

「ボールを投げるときに、どうやって腕を引いているか、なんて考えないと思います。ところが手の先にラケットがあるだけで、引き方を考えてしまいます。ラケットを持っていても、手は投げるという動作のときと同じで、引かないのが正解です。大事なのは、末端の動きのきっかけとして身体を捻る動作を使うことです。ちゃんと身体を捻ることができていれば、自然に運動の連鎖を使ったスイングになります」

練習と試合がリンクしやすいスポーツ

よく言われることですが、「練習は試合のように、試合は練習のように」という言葉に、スポーツの本質があると思います。日本の指導現場では、試合とはかけ離れた古い練習指導がまかり通っていますが、テニスは世界が相手。試合で戦うことを考えながら自分のプレー幅を広げていく必要があります。

良い例が錦織圭選手です。彼のテニスを面白く感じるのは、人にないアイディアがあるからです。錦織選手は戦術の一環としてドロップショットを取り入れた先駆者です。彼のテニスが面白いのはアイディアが豊富で、何をしてくるか読めないからです。見ている我々が読めないと言うことは、戦っている相手も読めません。そうやって「ゲームを支配」できているときの錦織選手のテニスは立体的で、相手は何をしていいのかわからない状態に陥ります。

携帯に入れておきたいテニスアプリ

○ WTA/ATP Live

○グランドスラム大会オフィシャルアプリ

実際の話、トップ選手たちにテクニックの差がそれほどありません。差が出るのはテニス脳やメンタルといった部分です。以前、錦織選手が全豪でアンディ・マレーと戦ったとき、彼は1セットを失っただけで負けを覚悟しました。自分の持っている武器を全部吐き出し、もう引き出しの中が空になってしまったからです。何をやっても読まれている。どんなショットを打っても返される。そうなるともうゲームにならないわけです。

もうひとつ例を挙げましょう。クルム伊達公子さんが現役に復帰した頃、テレビの企画で松岡修造さんとエキジビションマッチをしたことがありました。伊達さんは松岡さんがサービスやストロークを打つ前に打つコースを言い当ててしまうのです。

驚いた松岡さんが、「何でわかるの?」と聞くと、伊達さんは「何でわからないの」と笑って返すのです。これなんかまさに「テニス脳」そのもの。相手のプレーを見る能力＝認知力がとても高いのが伊達さん。瞬時に「感じてしまう」から、「何で?」と聞かれても答えようがないのです。彼女はテニスコートでの偏差値が凄く高かったということです。

もちろん選手同士の相性という問題もあります。私たちコーチが試合を見る前にかならずチェックするのは、過去の対戦成績です。同時にどんな勝ち方、負け方をしているのかサーフェスも含めてチェックします。この対戦成績はATPのオフィシャルサイトから検索できるので興味がある人はぜひ除いてみてください。また、各グランドスラム大会も独自のアプリで各種情報を発信しています。

身体の中の力を使ってボールを叩く

ユニットターンを使ってテイクバックすれば、次に大切になってくるのが打点＝インパクトです。スーパースローで見ると、トッププロのインパクトでは、ボールがラケット面に食い付いているように見えます。これがテニス用語で言うところの「ボールを潰して打つ」という現象です。

スイングスピードが速ければ、ボールを潰して打つことができます。私は、そうするためにはインパクトでは身体の中の力をボールに伝えることが大事だと思っています。

（写真25）は手の力だけでボールを打ったイメージ。（写真26）は丹田あたりに力を込めてボールを打ったイメージです。家の中の壁を使って簡単にできるので一度やってみてください。

写真 25：手の力だけでボールを打ったイメージ

手だけでボールを打とうとしてもパワーが伝わらない。

写真 26：丹田あたりに力を込めてボールを打ったイメージ

身体の中の力をインパクトに込めると凄くパワーが出る。

実際に行ってみると全然違うでしょう。コードでボールを打つときも、身体の中の力を使うイメージでボールを捉えるようにしてください。

上海マスターズに行ったとき、ドミニク・ティエムの練習をずっと見ていました。彼が行っていたのが5分間のゆっくりとしたスイングチェックです。ユニットターンでテイクバックしたら、身体の軸をまっすぐにして、インパクト・ポイントを確認。そのまま狙った方向に面を向けてフォロースルー。これを何度も、何度も行ってから、豪快のスイングに入るわけです。

素振りは一人でできる貴重な練習法だと思います。テレビ観戦しているときも、ラケットを持ちながら見ると、新しい発見があるかもしれません。

1人でもできる練習法
身近にある道具を練習に活用しよう！

テニスを教わった経験がある人なら、「回内」、「回外」なんて指導用語を聞いたことがあると思います。これはサービスのスイングのときに強調されますが、その動き自体は実に簡単です。

「回内」、「回外」をうまく使えていない典型例が、羽子板のようにボールを弾く「お嬢様サービス」です（76ページ参照）。その打ち方からなかなか脱却できないと人の矯正に、私が使っているのがウチワです。

ウチワで顔を扇ぐとき、腕はどう使っていますか？　ウチワで顔を扇いでいるとき、手首って動いているようで、あまり動いていません。それでは（写真27）のように頭上でウチワを扇いでみてください。前腕部分が動いているのがわかるでしょう。このときのウチワを振る腕の動きが「回内」と「回外」です。

写真 27：頭上でウチワを扇いでみる

ウチワを外に向けたときの動きが「回外」。振り終わったときの動きが「回内」。ウチワを使うと「回外」、「回内」の動きを簡単に理解することができる。

次に、（写真28）のように、ウチワをラケットに持ち替えて、頭の上で振ってみて下さい。すると、スイングがトッププロと同じ形になっています。大切なのは頭で考えないことです。身体が本来持っている機能を使えば、スイングやフォームはトッププロたちに似てくるのです。

スイングスピードが速いとボールを潰して打つことができます。家の中で、スイングをチェックできるのが「エーストレーナー」という練習器具（写真29）です。エーストレーナーはIMGアカデミーのヘッドコーチ、ニック・ボロテリーが「これは使える！」と勧めている道具です。

通常はグリップの上部にあるボールですが、ちゃんとしたスイングをすると先端部分に滑って移動（写真30）。インパクト・ポイントで「パチン！」と音が鳴ります。ストローク練習にもサービス練習にも使えます。

また、スイングをチェックする練習なら、ペットボトルを使う方法もありです。空のペットボトルに4分の1ほど水を入れて、（写真31）のように、中の水が移動するようにスイングするのです。しっかりペットボトルを振らないと水が移動しません。うまくできるようになるまで練習してください。

写真 28：ラケットに持ち替えて

ウチワをラケットに持ち替えて、頭の上でウチワを扇ぐように振るとサービスのスイングになる。

写真 29：エーストレーナー

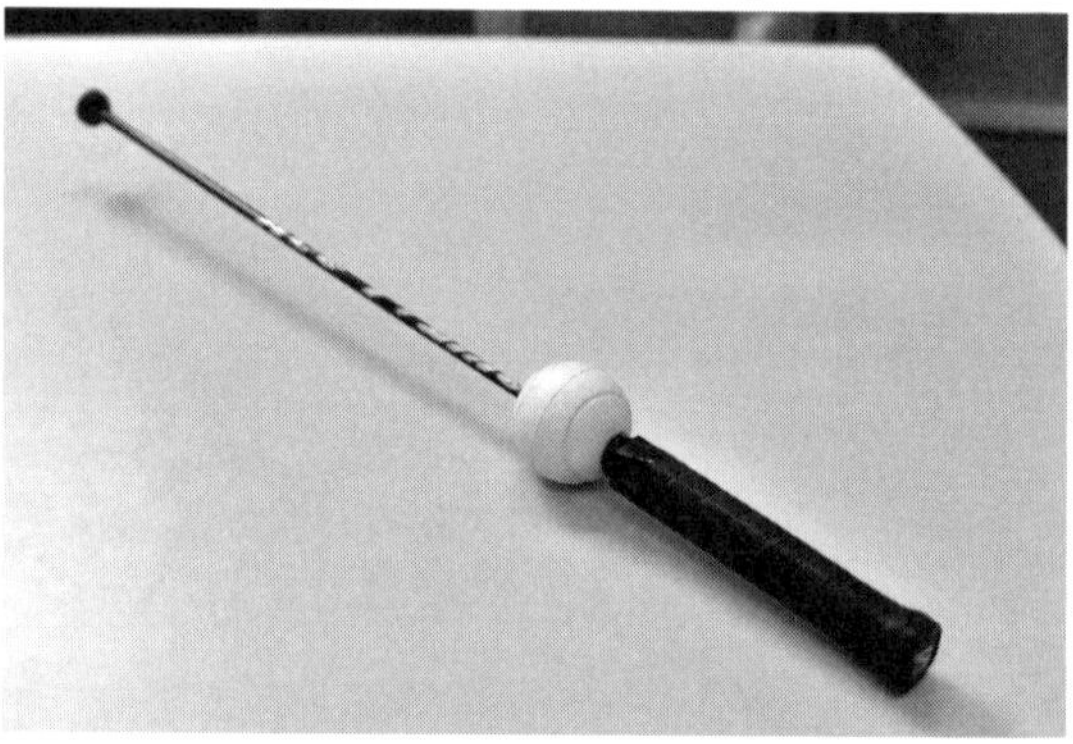

世界的名コーチ、ニック・ボロテリーも認めた練習器具「エーストレーナー」。
http://www.ablitz.jp

あと家の中でテニスに役立つ練習としては、ゴムボールやスポンジボールを使っての壁キャッチ（写真32）やボレー&ボレー（写真33）もお勧めです。ボールを使った室内練習は、ハンド・アイ・コーディネーション（目と手の協調性）を磨くために有効な練習となります。

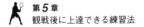

写真30：エーストレーナーの使い方

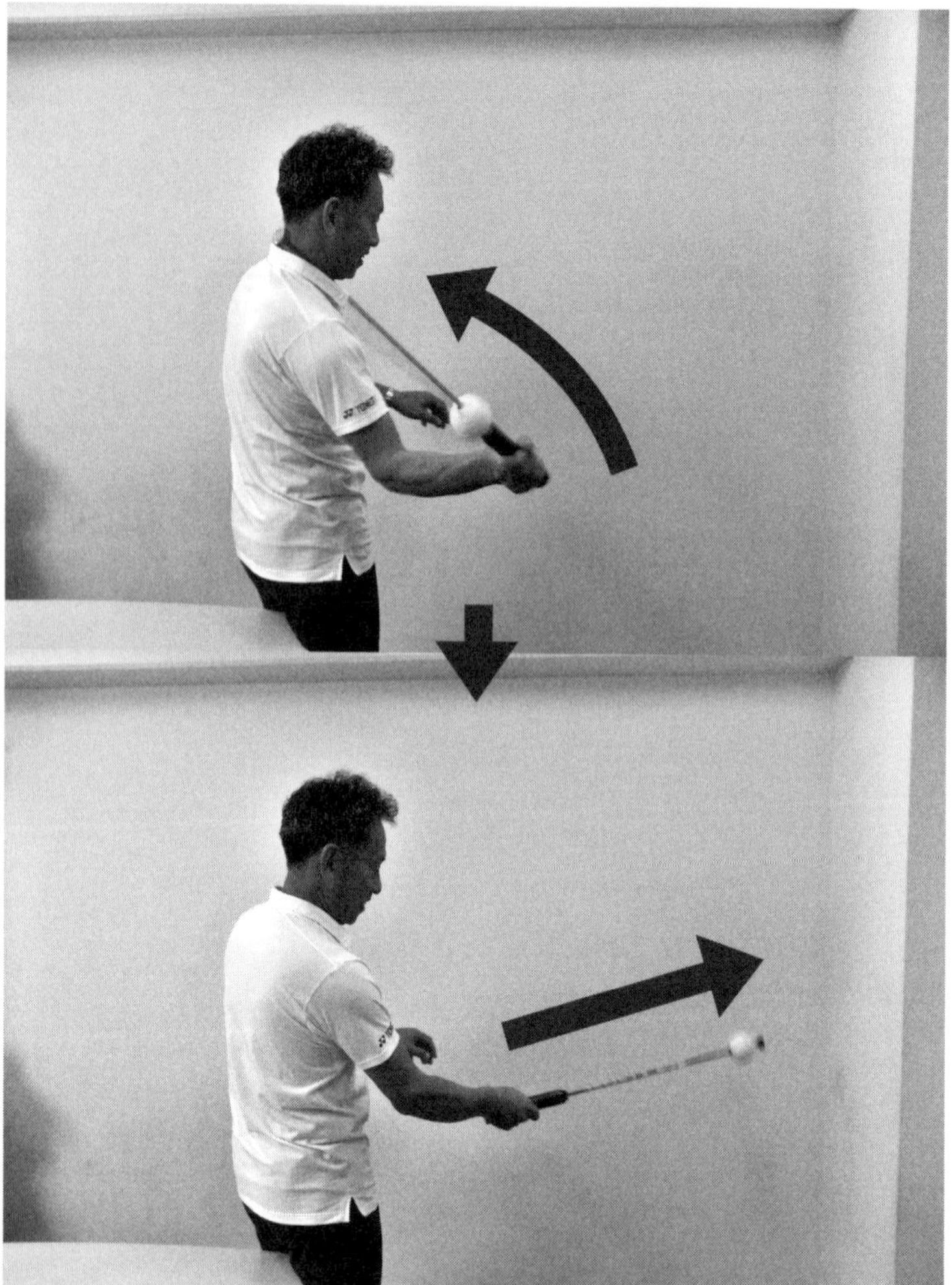

正しく振ってスイングスピードが出ると、グリップの上部にあるボールが先端部に滑って「パチン！」と音がする。疑似的にボールを打ったときのインパクトを体感することができる。

写真 31：ペットボトルでスイングチェック

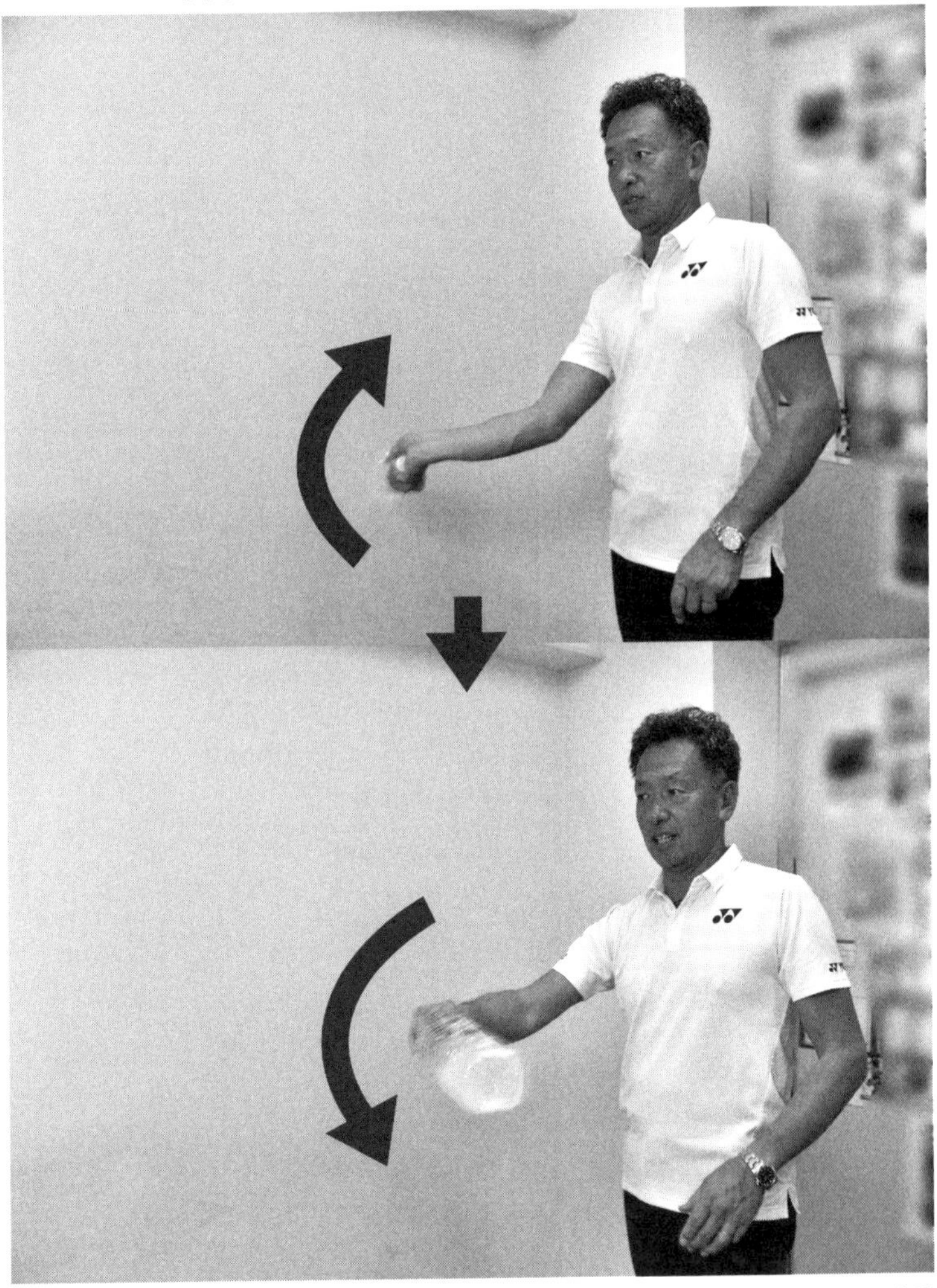

空のペットボトルを使って簡単にスイングのチェックが行える。手元にある水が先の部分に移動するのを自分で体感しよう。

写真 32：壁キャッチ

柔らかいボールを使えばハンド・アイ・コーディネーション（目と手の協調性）の練習を行える。

写真 33：ボレ＆ボレー

家の中での壁打ちはスポンジボールがお勧め。

どんな競技をやっていた人がうまくなるの？ オープンスキルの球技からの転向なら最高

これからテニスをやってみようと思っている人にスポーツ経験があれば無駄になるものはひとつもありません。陸上だろうが、水泳だろうが、スキルを習得していく過程は同じだからです。

ただそこで考えたいのは、スポーツの特性です。スポーツは、次の2つのタイプに分けられます。

①　形をどんどん追求して完成形を目指していく
②　相手と関わって情報を処理していく

①のタイプは「クローズスキルのスポーツ」と言われ、陸上や水泳など、自分一人

の精神世界の中でタイムや距離を縮めていくものです。

対して②のタイプは「オープンスキルのスポーツ」と言われ、野球やサッカー、バスケット、ハンドボールなど、相手と関わるときの対応力が必要とされます。

もちろんテニスに向いているのはオープンスキルのスポーツで、その中でも野球は、テニスとの共通項がとても多いスポーツだと感じています。ここまで何度も解説してきたように、野球には、走る、捕る、投げる、打つという4動作があり、また、バッターならピッチャーがどういう球を投げてくるのか読んだり、ピッチャーならバッターの読みを外したりと、テニスに必要な運動能力と戦術勘がすべて入っています。

ソフトテニスからの転向は？

今はあまり見受けなくなりましたが、ソフトテニスから転向して世界へ飛び立つという道もあります。１９８０年代までは、浅越しのぶさん、それに私が見ていた雉子牟田直子さんもソフトテニスからの転向組みです。その前の１９６０年代には、ソフトテニスでインカレを制してから硬式に転向。わずか2年で硬式のインカレも取ってしまった畠中君代さんという伝説の人までいます。

ソフトテニスから硬式への転向は向かない、という声も実際にありました。その主な理由として左記の3つが挙げられていましたが、

①ダブルスしかなくて前衛と後衛が専門職となっている。
②グリップが厚くボレーに向いていない。
③バックハンドのスライスを使えない。

しかし、今ではソフトテニスの世界が変化していて、そういった理由付け自体ナンセンスになっています。今はソフトテニスでもシングルスが行われていますし、ダブルスでも前衛、後衛という役割分担も硬式並みになっています。また、硬式とソフトテニスの両方で選手活動を行っているアジア系の女子選手もいて、彼女らはソフトテニスでも両手打ちでバックハンドを打っています。

たしかにボールは違いますが、同じラケット競技だし、フットワークの鍛え方なんて硬式の選手も真っ青でしょう。ソフトテニスの選手にはフィジカル的な強さがあり

ます。ソフトテニス、硬式テニスと分け隔てるのではなくテニス全体で楽しんでほしいと思っています。

神谷コラム

クリケットの世界から世界ナンバー1に

「2019年の全仏チャンピオン、23歳のアシュリー・バーティは、全英ジュニア・チャンピオンになったほどの逸材でしたが、18～20歳までテニスの世界を離れて、クリケットの選手として母国オーストラリアの国内リーグでプレーしていました。そして2年間のブランクを経て復帰。全仏オープンを取り、2019年にはランキング1位の座もつかみ取ったのです。バーディのプレー特徴は、ベースラインプレーもネットプレーもこなすオールラウンド・タイプということ。球勘が抜群で相手がよく見えています。他の競技から転向してきても優れたオープンスキルの能力があれば、チャンピオンにもなれるということです」

第6章

常に進化する世界のトッププレイヤーたち

中学生レベルの練習をやり続けるナダルの凄さ

トップ選手の試合を見ていると、「何であんなに凄いショットが打てるんだ！」と思ってしまいますが、その一方で、練習を見ていると、「えっ、そんな練習で大丈夫？」と拍子抜けしてしまうことがあります。

その典型的なプレイヤーがラファエル・ナダルです。ナダルの練習の特徴は「球出し」を多く行うことです。どこの大会、どこの会場でも、コーチが出したボールを、一球、一球真剣に打っている彼の姿を見ます。それはまるで中学生レベルの球出し練習。特別なことは何もしていません。

ナダルを筆頭とするスペイン勢は、小さな頃から「スペインドリル」と呼ばれる前後のフットワークを入れたトレーニングを取り入れています。これは強度が高い練習なので、大会期間中には行わないのが普通です。その代わりにナダルが行っているのが球出しの基礎練習なのです。

またナダルのテニスで面白いのは、サービスエース数が少ないことでしょう。ナダルはトップにいながら、サービスにウェイトを置いていないのです。

今のトッププロたちは、サービスだけでポイントを取る「フリーポイント」を大切にしています。なぜなら、サービスだけでポイントが取れるということは、身体にも心にも負担がないからです。ところが、ナダルはサービスにはウェイトを置かず、サービスからストローク戦に持ち込んでトップの座を維持しているのです。

こうしたナダル流の戦術は、日本人選手が真似すべきものかも知れません。事実、錦織圭選手も西岡良仁選手もビッグサーバーではありません。ツアーではリターンの巧みさを武器に戦っているタイプです。それでも1年間を通したデータを比較すると、ナダルのサービスゲーム・キープ率は、錦織、西岡よりずっと上。仮に2人にナダル並のキープ率があれば、もっと、もっと勝率が良くなるはずです。

神谷コラム

スペインドリルってどんな練習法?

「スペインドリルと聞くと、特別な練習法のように思うかもしれませんが、内容は実にシンプル。スペインでは昔から行われていたフットワークと体の使い方を覚える練習法です。ナダルを筆頭にスペイン出身の選手たちはフットワークが良くて、粘り強いプレーをします。それは、子供の頃からこのドリルで育っているからです。内容的には、単純に同じ動作を何度も繰り返すのが特色です。フットワーク、身体の使い方、姿勢、バランス。それらを覚えるために、何回も、何回も繰り返し、理屈でなく、身体が勝手に動くようになるまで練習するのがスペインドリルです。ドリル自体はけっして難しくありませんが、やり抜くためには根気が必要で、テクニックやフィジカルだけでなく、メンタルも鍛えられます。スペイン勢が最後までボールを諦めないのもこのドリルで育っているからでしょう」

ロジャー・マニアがさらに増加中 38歳でも進化するフェデラーのボディバランス

日本でも人気のロジャー・フェデラーですが、その人気は日本人が思っている以上に加熱しているようです。

2019シーズンのオフに開催されたメキシコでのエキジビションマッチ。アレキサンダー・ズベレフ戦に集まった観客は何と4万3千人。日本なら東京ドームがいっぱいになってしまった、ということです。メキシコにそれだけのフェデラー・マニアがいるとは知りませんでしたが、世界中のテニスファンが「今のうちにフェデラーのプレーを目に焼き付けたい」と思っているのです。

フェデラーは38歳。いつ引退してもおかしくない年齢です。ツアーでの優勝回数は103。グランドスラム大会での優勝も20。神の手を持つフェデラーはもはや生けるレジェンドと言える存在なのです。そんな彼が持っていないのがオリンピックの金メダル。フェデラーは「これからの目標はグランドスラムでもう1勝することと、

2020年の東京オリンピックでメダルを取ること」と言っています。そうです。フェデラーは2020東京オリンピックにやって来るのです。チケットを手に入れた人は本当に幸せですね！

フェデラーが38歳までトップに君臨しているのは、ボディバランスが突出して優れているからです。コーディネーション能力がずば抜けて高いので、彼の動きを見ているだけで感動すら覚えてしまいます。

フェデラーは2017年のウィンブルドンで膝をケガして、そのシーズンを棒に振りました。そのときには復活は厳しいかもしれない、と思いましたが、7カ月後にコートに戻ってきた彼は、まったく衰えていませんでした。その復活後には、「若い頃はコートの脇で数分ジャンプするだけで100％のプレーができたけど、今はジョギング、ストレッチ、ウォーミングアップをたっぷりやってからコートに入るようになったよ。今の体調はかなりいい」と語っています。もう彼のレベルであれば、テクニックが落ちるということはありません。フィジカルさえ維持できていれば、まだまだ生けるレジェンドの活躍を目にすることができるでしょう。

神谷コラム

ブノワ・ペールとの練習中に

「この写真は、上海マスターズの練習コートでの1シーンです。練習の途中フランスのペールがフェデラーのところまでやってきて、何やら尋ねていました。フェデラーはその問いかけを聞いた上で、その場でフォアハンドのスイングをしながら何事か言葉を返していました。実際には、どんな会話が成されたのかわかりませんが、ペールの弱点とされているのはフォアハンドです。ペールがフェデラーにフォアのコツを聞いた、と考えておかしくはないでしょう。プロがプロにテクニックを聞く、なんて場面に初めて遭遇しました。これもレジェンドならではですね！」

写真は著者提供

オフ・ザ・ボールの能力に優れたジョコビッチ

コーチ目線で試合観戦していると、やっぱり感心するのは世界に名が知れ渡っている選手たちのプレーです。とくに楽天ジャパンオープンで初来日したノバク・ジョコビッチはとても参考になる選手と言えます。

彼がもっとも優れているのは、ボールに入り込む能力だと思います。ボールを処理する「間合い」に入り込む能力が異常に高いのです。通常は、フットワークという言葉でまとめられてしまいますが、単純な脚の速さだけでなく、それに加えて次にどんなボールが来るかという「読み」が抜群です。

その背景にあるのがオフ・ザ・ボールの考え方です。オフ・ザ・ボールとは、ボールを持っていないときのポジショニングのことを指します。ボールが相手側コートにあるときに、次はどこに打ってきそうか、そのためにはどこに身体を運べば良いのか……そういったことを瞬時に読む能力に長けているのです。

それはデータからもわかります。テレビ観戦していると、ラリー数別のポイント獲得率が出ます。その中でジョコビッチは、ロングラリーでのポイント獲得率が抜群に良いのです。一本で無理することなく、何本もラリーを続けていって徐々に相手を追いつめる、それがジョコビッチ・テニスの真骨頂なのです。

それと同時に彼はテニスに向いた身体を持っています。球際に強いのは、股関節を含めた関節の可動域が広くて全身の柔軟性が高いからです。食事にも気を遣っていることは有名です。グルテンフリーの食事法を書いた彼の本は日本でもベストセラーになりました。もともとは彼自身小麦アレルギーだったそうです。そうしたネガティブ要因から、自分の身体のことを深く知るようになり、あの磨き上げたテニス向きの身体を作ったのです。

ずっと日本に来なかったジョコビッチが故障明けの身体で初来日しました。最大の目的は、オリンピックがどんな会場で開催されるのか、それを知っておきたかったたからです。彼は普段は出ないダブルスにもセルビアの若手と組んで出ていました。ジョコビッチは明らかに金メダルを狙っています。ナダル、フェデラー、それにジョコビッチのビッグ3が揃う2020年東京オリンピックは、凄い大会になる予感がします。

神谷コラム

手首は固めたままリターン

「86ページでも紹介しましたが、ジョコビッチの練習では、リターンのボールヒッティング・ポイントをずっと観察していました。そこで改めて発見したのは、インパクト時の手首の使い方。まったく手首を緩めることなく、テイクバックで作った手首の形のまま、スイングではなく、ボールにぶつけるように振っているのです。ここで大事なのは、やっぱり手首の動きを極力使わないことなんですね。ここが緩むとリターンが安定しないのです」

写真は著者提供

イズナー、ラオニッチ、オペルカ ビッグサーバーのテニスは面白いか

２０１９シーズンも終了し、イヤーエンドの各種データが発表になりました。サービス部門のトップ３は、ジョン・イズナー、ミロス・ラオニッチ、ライリー・オペルカの順でした。この３人の共通項は身長が高いということです。イズナーは２０８センチ、ラオニッチは１９６センチ、オペルカは何と２１１センチ。彼らはサービスを中心に試合を組み立てます。ビッグサーバー特有の試合展開というものがあるのです。対してリターン部門のトップ３は、ラファエル・ナダル、ノバク・ジョコビッチ、ディエゴ・シュワルツマンの順で、錦織圭選手も5位にランクインしています。

見ていてもっともスリリングなのは、ビッグサーバー対リターン巧者の試合です。例えば、オペルカ対シュワルツマンの試合なんてテニス通の間では大注目です。お互いのプレー特性が違うだけでなく、40センチという身長差（シュワルツマン１７０センチ）もあるからです。いずれにしても、ここで名前を挙げた選手たちの対戦を見る

機会があれば、絶対に見逃さないでください。

一方でやや単調になりがちなのが、ビッグサーバー同士の対戦です。欧米人はエースの取り合いや、スピード勝負の試合を面白がる傾向がありますが、日本のファンにはラリーが少ないビッグサーバーの試合はちょっと退屈なのではないでしょうか？

選手のプレースタイルやお互いの相性がわかると、面白い試合がたくさん見られるようになって、テニスがグッと面白くなります。選手のプロフィールや過去の戦績などはＡＴＰのホームページですぐにチェックすることができるので、試合観戦に役立てましょう。

世界のテニスを進化させるのはサウスポー シャポバロフはテニスを変えることができるのか？

世界のテニスを見続けていると、その変遷に驚いてしまいます。冷静に考えていちばん変わったのは、サーブ&ボレーヤーが消えてしまったことでしょう。

2000年代に入るまでは、ストローカー対ボレーヤーの名勝負が繰り広げられていました。

ビヨン・ボルグ対ジョン・マッケンロー
イワン・レンドル対ボリス・ベッカー
マッツ・ヴィランデル対ステファン・エドバーグ
アンドレ・アガシ対ピート・サンプラス

ちょっと思い出すだけで、このような組み合わせが浮かびます。しかし、ピート・サンプラスが引退したあたりからサーブ&ボレーヤーがいなくなってしまったのです。

理由は、「ラケットの進化でストローク力（パッシング能力）が上がり、ネットに出るメリットがなくなってしまったから」とされています。たしかに、今は100%のアプローチを打ってネットに出ても、120%のパッシングを喰らってしまうのが現実です。しかし、もっと長い目で見ると、これからまたテニスが変わっていくかもしれません。

レフティが出てきたときテニス界が動く

「盾と矛」ではありませんが、鉄壁のストローカーが現れると、それを崩そうとしてボレーで戦うプレイヤーが現れます。テニスはその繰り返しで進化しているスポーツです。

また、もうひとつ気に留めておいてほしいのは、「テニス界が動くタイミングにはレフティが関わっている」ということです。

この話は、最近、指導者の講習会で一緒になったオーストラリア人コーチに教えられたものですが、オーストラリアでは日本では考えられないほど、テニス研究が進んでいて、各種のデータを深く読み込んでいるのです。

彼によると、テニス全体が大きく変わるときは、かならずレフティが関わっている、とのことです。たしかに、マッケンローが出てきて、サーブ&ボレーが大流行し、次はナダルが出てきて、鉄壁のストロークプレーが全盛を迎えています。

テニスでは、左利きというそれだけで3割増くらいの有利さがあると言われます。西岡良仁選手が通用しているのもレフティだからです。左利きであれだけのクセ球を打つ選手は誰だって嫌がります。そのアドバンテージを十分理解しながら戦術を組み立てるのが、西岡選手のしたたかなところです。

ナダルの後を継いで次代に現れるレフティは誰でしょう。テニスを変えてしまう可能性があるのは、カナダのデニス・シャポバロフなのでしょうか？

最終章

世界と戦う日本人選手たち

もはやバブル？　異常に高騰するテニスの賞金額

　中国、深センで開催された女子ツアーの最終戦、２０１９ＷＴＡファイナルズはオーストラリアのアシュリー・バーティが優勝を飾りましたが、その賞金が驚きの４４２万ドル（約４億８千万円）。たったの８選手が集まる大会の賞金総額は１４００万ドル（約15億２千万円）でした。

　また２０１９年のＵＳオープンは、賞金総額が５７００万ドル（約61億円）で、優勝賞金は男女ともに３８５万ドル（約４億円）。これもグランドスラム大会としては史上最高額でした。

　テニスの賞金は毎年上がり続けていて、今やバブル状態を迎えているのです。当然、そこで活躍しているトップ選手の収入も桁外れで、フォーブス社のランキングによると、現役レジェンドのロジャー・フェデラーは全アスリート中5位の９３４０万ドル

（約１０１億円）、錦織圭選手は35位で３７３０万ドル（約40億5千万円）の年間収入を得ているそうです。彼らの獲得賞金は総収入の10分の1程度。テニス選手の広告価値が異常に高いということです。

よく聞かれるのは「テニス選手って儲けられるんですか？」ということですが、それはイエスでもありノーでもあります。もちろん、グランドスラム大会に出ることができるランキングになれば十分食べていけます。

あまり知られていませんが、例えばＵＳオープンならドロー表に名前が載るだけで約５００万円の賞金を獲得できるのです。これは全日本選手権大会の優勝賞金（４００万円）よりも大きな金額。もし、全豪、全仏、ウィンブルドン、ＵＳオープンの４大会すべてに出場できれば、それだけで２０００万円を超す賞金をゲットできるということです。

プロになってまず目指すのはランキング１００位でしょう。なぜなら１００位を切ればグランドスラム大会の本戦にダイレクトインできるからです。メディアガイドで選手の獲得賞金を調べると、ランキング１００位を切っている選手の年収は４０００～５０００万円くらいあります。これは賞金だけ。その他のスポンサーとの契約金等は含まれていません。

　これだけ聞くと、「テニス選手って稼いでるな？」と思われるかもしれませんが、それは世界の上位１００人のお話です。１００人というのは本当の「上澄み」ということ。現実はまったく稼げていない選手がいっぱいなのです（１８７ページコラム参照）。

　本格的にプロを目指した活動をスタートすれば、個人経費だけで年間４００～５００万円かかります。そこにコーチやトレーナーをつけようとすれば、１０００万近くかかってもおかしくありません。

　テニスを頑張るジュニア、それに応援する親御さんは夢を持って日々練習に取り組んでいます。みんなプロになりたいのです。しかし、現実は厳しいのです。

　私は親御さんから「将来プロにしたい」と相談されたときには、はっきりと「お金がかかります。最低でも年間４００万円。コーチを付ければその倍。それを何年も負担する覚悟はありますか？」と言うようにしています。成功することより失敗することの方が多いでしょう。たとえ失敗したとしても、親子で一緒になってテニスを頑張ったことを良い思い出にしてほしいと思います。それができないのなら安易にプロを目指す、とは言ってほしくないのです。

プロツアーの仕組み

【ＩＴＦ】国際テニス連盟（International Tennis Federation）
グランドスラム４大会（全豪、全仏、全英、全米）やデビスカップ、フェドカップ等の国別対抗戦、オリンピックテニス。さらにツアーの下部大会であるＩＴＦ大会、ジュニア大会等を主催・公認・運営しているテニスの国際統括団体

【デビスカップ】

男子の国別対抗戦。世界の16強からなるワールドグループと3つの地域グループで構成され、地域リーグはさらにその強さによってグループ1～4に分かれている。現在日本はデビスカップファイナルの出場権を持つ18カ国の中に入っている

【フェドカップ】

女子の国別対抗戦。世界の8強からなるワールドグループ1。それに続く8カ国からなるワールドグループ2と地域グループ（1～3）で構成され、現在日本はワールドグループ2に属している。

【グランドスラム】

世界最高峰に位置する伝統ある全豪オープン（メルボルン）、全仏オープン（パリ）、ウィンブルドン（ロンドン）、USオープン（ニューヨーク）の4大会を総称してグランドスラム大会と呼ぶ。

【ITFワールドテニスツアー】

ITFが主催するツアー下部トーナメント。2018年まではフューチャーズ大会と呼ばれていた。賞金総額は男子の場合で10000ドル～15000ドル。10000ドル大会の優勝賞金は1000ドルに満たないが、勝利するとITFポイントが与えられる。世界へ飛び出すための登竜門として国内では8大会が開催されている。

【ATP男子プロテニス協会】（Association of Tennis Professionals）

男子選手と男子ツアー（チャレンジャー大会含む）を統括・運営する団体。

1972年設立。男子選手の世界ランキングはATPが毎週更新している。

【WTA女子テニス協会（Women's Tennis Association）】

女子選手と女子ツアー（チャレンジャー大会含む）を統括・運営する団体。

1973年設立。女子選手の世界ランキングはWTAが毎週更新している。

【ATP&WTAツアー】

ATPとWTAが主催するトーナメントの総称。男女ともに賞金総額別にカテゴライズされており、格付けの高い大会ほど賞金も獲得ポイントも大きい。国内で開催されている楽天ジャパンオープンは上から3番目のATPツアー500。東レPPOもWTAツアーでは上から3番目のプレミア5の大会となっている。

【ＡＴＰ＆ＷＴＡツアーランキング】

ＡＴＰとＷＴＡが毎週更新して発表しているのが一般に「世界ランキング」とされているツアーランキング。ＡＴＰの場合は、原則として過去の52週間に出場した大会で獲得ポイントが多かった18大会分の合計ポイントで算出される。またＷＴＡの場合は、過去の52週間に出場した大会で獲得ポイントが多かった16大会分の合計ポイントで算出される。

【チャレンジャー】

ＡＴＰが主催する賞金総額３５０００ドル〜１２５０００ドルのトーナメントで、ランキング１００位台から２００位台選手の主戦場となっている。３５０００ドル大会の優勝ポイントは80。もっとも上の１２５０００ドル（＋Ｈ）の大会の優勝ポイントは１２５。国内で開催されているのは男子のチャレンジャーは、慶応チャレンジャー、四日市チャレンジャー、兵庫チャレンジャーの３大会。

【ＪＴＡ】公益財団法人 日本テニス協会（Japan Tennis Association）
日本国内のテニス全般を統括する組織で（ＩＴＦ）の傘下団体に当たる。国内におけるデビスカップやフェドカップ、楽天ジャパンオープン等の国際大会の主催も行っている。

テニスコーチはお勧めの職業か？

凄く稼いでいるテニス選手ですが、それではコーチの収入はどうなっているのでしょう。

まず、ここで勘違いしてほしくないのは、稼いでいる選手というのは、ほんの一部ということです。ほとんどのテニス選手は実は稼げていないのです（１８７ページの

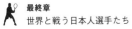

コラム参照）。

さて本題のテニスコーチ（選手と一緒にツアーを回るコーチ）の収入ですが、これは本当にまちまちです。最上級なのは、マイケル・チャン（錦織圭のコーチ）とかイワン・レンドル（アレキサンダー・ズベレフのコーチ）などのトップ選手についているレジェンドコーチで、彼らの収入は、私たち下々のコーチにはわかりません。

ただ、世界のコーチ間では「1週で2000ドル取れるコーチは一流」というイメージがあると聞きます。コーチを付けることでランキングが上がるのなら、そう高い金額ではない、と考える選手もいることでしょう。

私の場合は、そのとき、そのときの契約になるので、選手には「ミニマムでこれだけ」と金額を伝えて、それで選手がＯＫしてくれたら、賞金を稼いだ場合のボーナスの話をすることがあります。とは言ってもたいていの場合、稼げていない選手たちから負担になるようなそんな大きな高額な金額を受け取ることはありません。

コーチは選手と一緒になって夢を追う人間ばかりです。きれい事に聞こえるかもしれませんが、お金は二の次なのです。

神谷コラム

プロ選手の収入は？

「国際テニス連盟（ITF）の委託でイギリスのキングストン大学が2013年に行った調査によると、プロ選手13736人のうち45％はテニスから得ている収入がゼロで、テニスからの収入で費用を賄えている人はわずか10％にとどまるそうです。調査に回答した男子選手8847人と女子選手4862人のうち、試合の賞金をまったく得ていない選手は男子3896人、女子2212人に上りました。またその他にも以下のような数字が出ています。実際のテニスはかなり厳しい世界ということがわかってもらえるでしょう」

- 試合出場コストと出場給の収支の帳尻が合うランキングは、男子で336位、女子253位
- 男子選手のランキングトップ1%（トップ50人）は、賞金総額（約190億円）の計60%を獲得
- トップ50位以内の選手たちは男女ともに、年間平均約1億2000万円をツアーで獲得
- 51〜100位の選手たちの年間ツアー賞金の平均は約2400万円超で、101〜250位は平均で約1000万円を獲得
- 251〜500位の選手たちの年収は平均で約190万円にとどまる
- テニス大会出場にかかる年間経費（旅費、食費、宿泊費など）は、男子選手の場合約460万円で女子は約480万円だった

日本企業のスポンサード契約金額がすごいトップ選手

テニスの賞金額が他のスポーツとは比べられないほど大きいのは、テニスを支えるスポンサーがしっかりしているからと言えます。日本関連でいうと、メインスポンサーだけ見ても、ジャパンオープンは「楽天」で、それにロンドンで開催されている男子のツアー最終戦 Nitto ATP Finals は「日東電工」、また伝統的な男子の団体戦デビスカップやフェドカップのメインスポンサーを長く務めていたのは「ＮＥＣ」で、今のデビスカップは「楽天」に変わっています。

また、選手をスポンサードしている会社としては、スポーツメーカーでは、ヨネックス、アシックスなどが挙げられ、アパレルメーカーでは、ロジャー・フェデラー、錦織圭、車いすテニスの国枝慎吾らの「ユニクロ」が挙げられます。

錦織圭に続いて、ノバク・ジョコビッチ（契約終了）、ロジャー・フェデラー（10年、総額3億ドルとの噂）と世界的な有名選手と巨額の契約を結んだユニクロは、彼らの名を使うことによって世界進出を計る戦略を立てているのです。

テニス観戦をしていると、選手たちが様々なスポンサーに助けられてプレーしていることに気づきます。極端に言えば頭の先から足元まですべて商品となっているのです。

錦織圭選手を例にすれば、頭の鉢巻きにはＮＩＳＳＩＮのロゴ。ウエアはユニクロで、左肩にはＬＩＸＩＬ、右肩にはＮＩＳＳＩＮとユニクロのロゴが付いています。また、使用するラケットはウイルソンで、シューズはＮＩＫＥです。その他に車（ジャガー）、時計（タグホイヤー）、カード（ジャックス）、飲料（アサヒ）、エアライン（日本航空）など契約多数で、２０１９年の錦織選手のブランド価値は全アスリート中で17位、その契約総額は約20億円とも30億円とも言われています。錦織選手の２０１９年獲得賞金額は２億３６００万円。つまり、賞金をまったく稼げなかったとしても年間20～30億円の収入があるということなのです。

錦織圭のグランドスラム大会優勝はあるのか？

錦織選手は、大事なツアー終盤戦をケガで戦えず、目標だったATP FINALには出場できませんでした。しかしそれでも、イヤーエンドのランキングは13位。力が落ちてきたわけではありません。

錦織選手は、ゲーム的な感覚に優れています。今は攻めるときなのか、守るときなのか、つなぐのか、カウンターを狙うのか、そういったシチュエーション別での咄嗟の判断、また、打つボールの、方向、軌道、スピード、回転といった判断。こういったものを瞬間的にコントロールする力がとても優れているので、世界のトップで活躍できているのです。

「錦織選手はグランドスラムを取れるのか？」

これは日本でよく交される議論です。私は、こう思っています。「過去にはチャンスがあった。しかし、どんどん厳しくなっている」

男子テニスをウォッチしている人なら気づいていると思いますが、２０１９年は新しい大波がやってきました。ＡＴＰ ＦＩＮＡＬで優勝したのは21歳のステファノス・チチパス。チチパスと決勝を戦ったドミニク・ティエム（26歳）を含め、ダニール・メドベージェフ（23歳）、アレキサンダー・ズベレフ（22歳）、マテオ・ベラッティーニ（23歳）と、錦織選手よりも若い選手たちがトップ10入りしてきたのです。

2番手グループから3番手グループに

錦織選手がＵＳオープンで決勝進出を果たしたのは２０１４年。その当時、錦織選手の上にいたのはラファエル・ナダル、ノバク・ジョコビッチ、ロジャー・フェデラー、アンディ・マレーの4人。錦織選手はこのビッグ4の次のグループ。USオープンで決勝に行ったときには、ビッグ4の一人、ジョコビッチを破っています。その頃はグランドスラム優勝のチャンスもあったと思います。

しかし、今は、ナダル、ジョコビッチ、フェデラーは相変わらずの強さで、その下に、チチパス、ティエム、メドベージェフ、ズベレフ、ベラッティーニという若手がいて、錦織選手はそのさらに下のグループに属しています。

欧米では、テニスも賭けに対象になっていますが、2019年のUSオープンでは、「錦織優勝」の掛け率は100倍を越えていました。世界では、もうそのくらいの認識となっているのです。彼はまだATP1000大会での優勝すらありません。それなのにいきなりグランドスラムでの優勝を望むのは酷と言うものです。

とはいえ、今のランキングをキープしていれば、グランドスラム大会でも何度かチャンスは来ると思います。私が言うチャンスとは「ベスト8入り」のことです。ベスト8入りしておけば何が起こるかわかりません。そのときはみんなで一緒になって応援しましょう。

女子で2番目に稼ぐ大坂なおみのメンタリティ

大坂なおみ選手は2019年、全豪オープン、東レPPO、北京大会と3勝を挙げ、イヤーエンド・ランキングは3位。サービスもストロークも圧倒的なパワーで、ふたたびナンバー1になる日が来ることは間違いないでしょう。

彼女の様々なエピソードについては食傷気味の方もいらっしゃると思うので、ここでは私が身近に聞いた面白いエピソードを紹介することにしましょう。

2013年、16歳だった彼女は岐阜の5万ドルの大会にやってきました。まだプロになって2年目。5万ドルの大会でも歯が立ちませんでしたが、その負け試合を見ていたのが、かつて伊達公子選手を育てた小浦猛志先生だったのです。

小浦先生は、彼女の潔い負けっぷりを見て、「こいつは化けるかもしれない」と直感したのです。そしてヨネックスの担当者を呼んで、彼女との契約を勧めたそうです。

そこがスタートで、彼女はヨネックスのサポートを受けながら世界へ出て行くことになり、あっという間に全米優勝。日本の国籍を選んで２０２０東京オリンピックを見据えているのです。

大坂なおみ選手の潜在能力を、小浦先生はたったの一試合見ただけで見抜いたのですから、それは同じコーチとして尊敬してしまいます。選手の将来を予測することが難しいことは、コーチとしての経験があればあるほど、知っているからです。

ただ言えるのは、本当に力のある選手は、どこかで、誰かが見てくれていると言うこと。大坂選手ほどの才能があれば、小浦先生が見逃したとしても誰かが拾ったかもしれません。そうなれば、ひょっとしたら、彼女は日本以外の国旗を付けてオリンピックの舞台に立っていたかもしれません。

彼女はボールにパワーを乗せる能力が優れています。ストロークもサービスも、ちゃんとボールを捕えたときのスピードは女子のレベルではありません。フィジカル的に動けるようになったことで、攻撃だけでなく守備の対応力も高くなっています。何かと言われがちのメンタルにしても、彼女はまだ22歳。まだ大学生の年齢です。これから経験を積んでいけば改善していくことでしょう。

今は女王不在の混沌とした女子テニス界ですが、大坂なおみ選手が女子テニス界を統一、次代の女王に君臨しても何の不思議もありません。

内山靖崇の10年目のブレイクスルー

みなさんは観戦するときに選手の情報を調べていますか？　技術や戦術だけではなく、選手の今までの経歴を知ることで選手が好きになり応援するなども、試合がより一層楽しめるポイントとなります。

その点で私は２０１９年にトップ１００入りした内山靖崇は思い入れがある選手です。なぜなら、彼が苦労に苦労を重ねた10年間を知っているからです。

内山選手は小学生の頃から有名人でした。「錦織圭の後を追うのは内山」と言われた存在です。中学になると同時にアメリカのＩＭＧアカデミーに渡ったのも、錦織選手と同じ道です。しかし、厳しいＩＭＧの戦績のノルマをクリアできずに、17歳で失意のまま帰国することになりました。その直後に彼と会ったのです。

現役時代、私と二人三脚で世界中を転戦した選手が増田健太郎コーチです。彼は引退後、ナショナルコーチとなり、男子選手の強化に取り組み、同時に個人でも強化プログラムを立ち上げました。彼の夢は、自分の育てた選手と一緒にウィンブルドンへ行くということ。その素材としてアメリカから帰国した「内山はどうか？」という話になったのです。

そのとき、海外遠征中だった増田コーチの代理として、内山選手の試合を視察に行くことになったのが私だったのです。それは、とても重要な仕事です。内山選手の一生を左右することになるかもしれません。一人だけの目ではとても○×を判断することはできないと考えたので、もう一人、茶圓鉄也プロにも視察に同行してもらいました。

２人が共通して感じたのはスケールの大きさでした。「世界に通用するテニスをしているよね！」といった会話をしたことを覚えています。試合を見て感じたことを増田コーチに伝え、内山選手は彼の下で練習することになったのです。

ナショナルコーチとして、添田豪、伊藤竜馬、杉田祐一と、ランキング１００以内の選手を手がけた増田コーチには、「この子だったら、これくらい行ける」っていう感覚が備わっているのでしょう。だから、なかなか成績が出なかった内山選手を切るという選択肢がなかったんだと思います。そうでなければ、時間もお金もかかる選手育成に10年もの年月をかけることはできません。本当に増田コーチは根気強くやったと思います。

内山選手を育てることにしたとき、増田コーチと「日本の環境でも、自分たちだったらグランドスラム本戦でプレーする選手が作れるんじゃない」って話をしました。それを実現したのです。内山選手のイヤーエンド・ランキングは自己最高の81位。２０１９年のウィンブルドンでは、グランドスラム15度目の挑戦で初めて予選を突破し本戦に出場。「教え子とウィンブルドンの舞台に立つ」という増田コーチの夢が叶ったわけです。

内山選手の歩みを見ていると、テニス選手の成長曲線は人それぞれということを改めて感じます。右肩上がりにランキングを上げる選手なんてほんの一握り。ほとんどの選手が上がったり、下がったり、停滞したりしながら、いつか来るブレイクスルーの日を待っているのです。

ランキング100以内でもっとも小柄 170センチの西岡良仁が通用する理由

２０１９シーズン、錦織圭選手と、ガエル・モンフィスを破った日本人プレイヤーが西岡良仁選手です。元トップ10以内の選手を２人も下したのだから実力は本物です。

西岡選手がチャレンジャーレベルの大会で優勝し始めた頃、高田充ナショナルコーチに「何で勝つの?」って聞いたことがあります。そのとき、高田コーチは「僕にもわかりません。変だからじゃないですか……」ってニヤッと笑ったことがありました。プロの世界で「変だから……」が通用するのなら、それは大きな武器です。実際、西岡選手のクセ球を生かした配球、戦術はATPツアーレベルでも十分通用していいます。

経験から言うと、キレイに打てるようになったら勝てなくなる選手は、いっぱいいます。また、打つボールの精度が上がって勝てなくなった選手もいます。ショットの精度が良くなると相手も打ちやすくなるのです。相手にとっては、どこにボールが飛んでくるのか予測できない相手の方が嫌なのです。

西岡選手はメンタル的な強さも持っています。ふてぶてしく見える試合態度は日本選手としては珍しいタイプです。それに脚の速さも武器です。ボディサイズはありませんが、フィジカル的には強いほうだと思います。

高田コーチとはよく意見交換するのですが、彼はメンタルよりフィジカルが大事だと考えています。そこは私と同じです。たしかにメンタルは大事ですが、精神的なものの土台となっているのは、圧倒的なフィジカルの強さなのです。身体にガタが来ればメンタルはついてこないし、テクニックも出てきません。ナダル、ジョコビッチ、フェデラーのトップ3がメンタルで崩れないのもフィジカル的な強さがあるからです。トップ選手たちが、オンコートより、オフコートのトレーニングを大事にしているのは、そのことに気づいているからでしょう。

彼は試合に勝つためには、自分ができることを最大限に発揮しようとします。左利きでクセ球を持っている。それは相手にとって、とてもやりづらいタイプなのです。配球やボールの質を変えて打っているところを見ると、本当に頭を使って戦っているのがわかります。見ていてとても面白いテニスをするのが西岡選手です。

幼い頃から特別な存在だった杉山愛

現在テニスの解説やテレビのコメンテーターとして活躍中の杉山愛さんも印象深い教え子の一人です。そんな彼女は、湘南スポーツセンター（ＳＳＣ）でジュニアプログラムのコーチを務めていた時代に、小学1年生ぐらいから、高校生くらいまで関わっていた一人です。

愛は、10歳ぐらいから一般の人を惹きつける何かを持っていました。彼女が練習をしていると、一般スクールの生徒さんが立ち止まって見てしまうような存在でした。一生懸命にボールを追っている姿が光っていたんです。

当時、（ＳＳＣ）には愛の他にも、吉田友佳、岩渕聡と後の日本代表チームに入るような逸材が揃っていました。そんなメンバーの中でもひと際輝いていたのが、いつもニコニコ顔をしていた杉山愛でした。

よく覚えているのは、10歳でラリー練習をしている愛に、「何回続いた？」って聞いたら、「１２４２回」って言うんです。「その１２４２回って何？」って聞き返すと、「ニッポン放送の周波数と一緒」って……そんなこと普通の10歳は考えないと思うんです。愛は、他の子とは全然違う思考を持っていました。同じく10歳のときに、「私はウィンブルドンのセンターコートでプレーする」って、夢を語っていたのを覚えています。

その頃は私も若造で、ウィンブルドンなんて簡単な世界ではない、と思っていましたが、この子なら夢を実現させてしまうんじゃないか、と思ったほど、テニスも心もしっかりした子どもでした。そのときの愛の印象が強く残っているので、今でも小学生くらいの子どもを見ると10歳当時の愛と比べてしまうのです。

人を惹きつける力がある愛は現役引退後もテニス界を盛り上げる旗頭になっているのは必然だなと感じています。

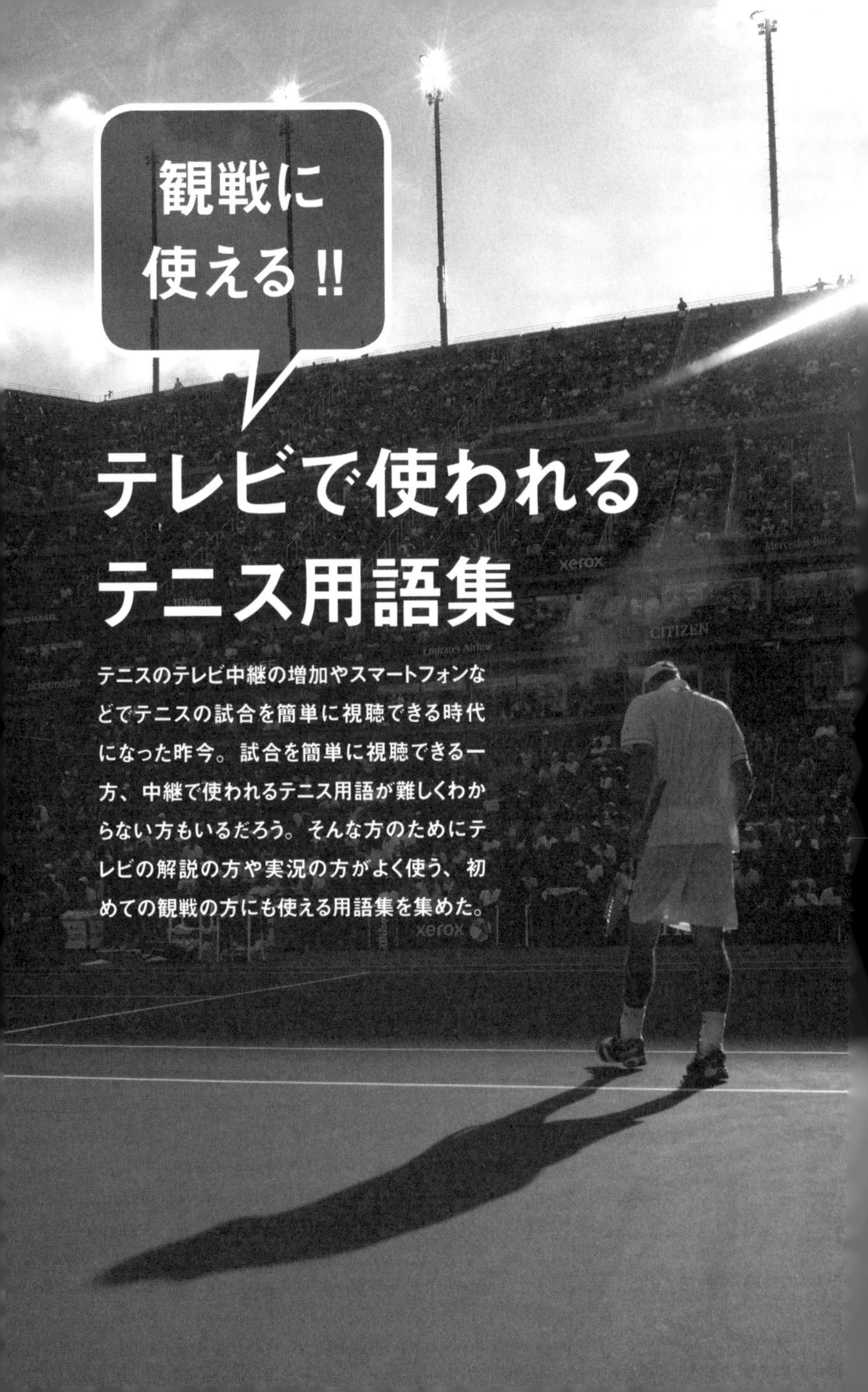

観戦に使える!!

テレビで使われるテニス用語集

テニスのテレビ中継の増加やスマートフォンなどでテニスの試合を簡単に視聴できる時代になった昨今。試合を簡単に視聴できる一方、中継で使われるテニス用語が難しくわからない方もいるだろう。そんな方のためにテレビの解説の方や実況の方がよく使う、初めての観戦の方にも使える用語集を集めた。

用語	意味
①フォアハンド	右利きの選手が体の右側に打つこと
②バックハンド	右利きの選手が体の左側に打つこと
③ストローク	ショットを打つこと。ラリーでボールを打つこと
④ボレー	相手から返されたボールが地面に落ちる前に返すこと
⑤リターン	相手のサーブを打ち返すこと
⑥ドロップショット	ネット際にボールを落とすショット
⑦スピン	ボールが順回転すること
⑧スライス	ボールを切るように打つこと
⑨ダウン・ザ・ライン	サイドラインに沿うショット
⑩ウィナー	ラケットがボールに触れずに決まったポイント

用語	意味
⑪ライジングショット	ボールがバウンドした直後に返球するショット
⑫エース	サーブのときにボールに触れずに決まったポイント
⑬スライスサーブ	サーブの打ち方の一つ。ボールに横回転がかかるサーブ
⑭スピンサーブ	サーブの打ち方の一つ。ボールに縦回転がかかるサーブ
⑮アグレッシブプレイ	攻撃主体のプレーをするプレースタイルのこと
⑯カウンター	守備から攻撃に転換する
⑰サーブ＆ボレーヤー	サーブを打った後にボレーを打つプレースタイルのこと
⑱オールラウンダー	ベースラインでのストロークも、ネットポジションでのボレーも自由自在に使い分けられる
⑲スプリット・ステップ	両足を開いた状態で軽くジャンプすること
⑳ジャックナイフ	ジャンプしながらバックハンドの高い打点で打つこと

用語	意味
㉑サービス	サーブと同意味
㉒サービスキープ	サーブを打つ側がゲームを取ること
㉓サービスダウン	サーブを打つ側がゲームを落とすこと
㉔アップ	ゲームをリードしている状態
㉕ダウン	ゲームをリードされている状態
㉖アドバンテージ	デュース後に先に1ポイント先取すること
㉗アドバンテージセット	2ゲーム差をつくまで1セットを続けること
㉘タイブレーク	ゲームが6-6の状態で2ポイントの差をつけて勝つこと
㉙タイブレークセット	ゲームが6-6の状態でタイブレークを行ないそのセットの勝敗を決定すること
㉚セットブレーク	各セットが終了した段階で短い時間、休憩を取ることができる

用語	意味
㉛デュース	40-40の同点の時に使われる言葉。またはアドバンテージ後、再度同点になったときに使われる
㉜ファウルショット	2度打ちやボールがネットを越える前に打った場合などが、反則したショットのこと
㉝セットオール	両者のセット数が同じであること。次のセットで勝敗決まる場合に使われる
㉞セットポイント	セットにて最後にポイントを取れば、セットが取れる状況のこと
㉟マッチポイント	試合の勝敗が決まるポイントのこと
㊱ゲームセット、アンドマッチ	ゲーム終了、セット終了の意味
㊲エンドチェンジ	選手が各セットで奇数となるゲームが終了するごとにエンドを変える
㊳アンパイア	指定された位置に立ち判定を下す審判のこと
㊴ラインズパーソン	ボールがラインに落ちた時にインかアウトかを判断する線審のこと
㊵チャレンジシステム	試合中に判定が不服な場合にビデオ判定を審判に申し出る制度。基本1セットに3回までとされる

用語	意味
㊶ブレーク	キープの反対の意。サーブを受ける側がゲームを取ること
㊷ミニブレーク	タイブレークでのサーブを受ける側がポイントを取ること
㊸ブレークバック	ブレークされた後、次に相手のサービスゲームから取り返すこと
㊹フォルト	サービスで打ったボールが相手エリアに入らないこと。2度フォルトするとダブルフォルトとなりサーバーが失点となる
㊺レット	プレーのやり直し
㊻ネット	サービスで打ったボールがネットにかかること
㊼タッチ	ボールや体にかすることで失点となること
㊽ナット・アップ	打つ時にボールが2回バウンドしていた状態のこと
㊾オーバールール	試合で線審の判定で主審がミスジャッジと判断して覆すこと
㊿リタイアメント	試合途中での棄権

用語	意味
㉛ボールチェンジ	ボール表面の消耗などにより弾みが悪くなることや破損した場合などで交換することが認められている
㉜ Def (コードバイオレーション)	相手がルールなどの違反により失格などで勝つこと
㉝ W.O	相手が試合に遅刻などの理由で勝つこと。Work Overの略
㉞メディカルタイムアウト	試合中に選手が体調を崩したり、怪我をしたときに選手が要求できる治療時間のこと
㉟ノー・アドバンテージ・スコアリング方式	デュース後に1ポイントでそのゲームの勝敗を決定すること
㊱サーフェス	コート表面のこと。クレー、ハード、グラスなど様々な種類に分類される
㊲アンツーカーコート	粘土または赤土と、細かい砂をまいて作ったコート。全仏オープンで使われている。扱いとしてはクレーコートとなる
㊳ハードコート	セメントやアスファルトが基礎になっており、科学樹脂がコーティングされたコートのこと。全豪オープンとUSオープンで使われている
㊴グラスコート	芝生のコートのこと。ウィンブルドンで使われている

おわりに

テニスとオリンピックには縁があって、実は日本の最初のオリンピックメダルは1920年のアントワープ大会での、テニス競技の銀メダルなのです。この当時のプレイヤー熊谷一彌さんは軟式プレイヤーであり硬式プレイヤーでもありました。西洋の文化としてテニスが持ち込まれ、広く広がり楽しまれだした時代にチャンピオンになられた方です。それからちょうど節目となる100年目に東京五輪が開催されるというのはこんなドラマはないと思います。

そんなオリンピックイヤーを迎える2020年、大坂なおみ選手、錦織圭選手を中心とした活躍により、観戦という部分ではブームがきています。昭和の時代では考えられなかったぐらいに、多くの選手がグランドスラム大会に挑戦するレベルまで引き上がってきました。ところが、実際はさまざまな要因により、スポーツ離れが加速している世の中になっています。実際にコートに出て、ボールを追いプレーし楽しんでいただくために、もっと簡単に身近に捉えてもらえたらなと、そのきっかけを観戦するだけでもグッと上達できることを知ってもらえればとまとめてみました。

　本書は、テニスを楽しむためのいろいろな気付きを項目ごとに分けました。ただ漠然と試合を見るだけではなく、その試合の裏にあるところも見てほしいポイントです。試合というのはすべて練習してきた過程の最後に行われるものです。その過程を少しでも知ってもらうことでより深くゲームの質や背景を理解してもらえるのではないかと思います。

　これだけ「見る」という文化が進んできた中で、テニスというスポーツは独特な競技でポイントの数え方なども難しい。どちらかというと騒いで観戦するスポーツとは違うので、非常に観戦しにくいと思われがちです。本書は、テニスをどう見れば楽しいのか、どう見ればもっと掘り下げられるのかというところを紹介したいと思い書き上げました。最後に今まで携わった選手、テニス関係者にも感謝を申し上げます。また、今回の企画で最後まで伴走いただいた井山夏生さんにも厚く御礼を申し上げたいと思います。テニス界の今後のさらなる発展を祈って。

２０２０年２月　神谷勝則

神谷勝則（かみや・かつのり）
（公財）日本テニス協会公認Ｓ級エリートコーチ

1963年生まれ、愛知県安城市出身。ヨネックス株式会社アドバイザリースタッフ、（公財）日本テニス協会広報委員会委員、ビーチテニス委員会委員、YONEX Kids Tennis Academy担当、中国上海テニス協会特別講師。テニスに夢中な少年時代を過ごし、19歳でテニスキャンプ参加の為に渡米。その後、指導者としてこれまでに多くの日本人トッププレイヤーの幼少年期指導を行う。その中にも公私の時間で指導にあたった選手の全日本選手権連覇をきっかけに、より高い目標へ指導をしていく中で、自身の世界への思いが強くなり単身オーストラリアに渡る。約８カ月短い期間ではあったが、ＡＴＰランキングの上位選手らと接し、テニス指導の幅を感じ帰国する。帰国後、数名の選手とのプライベートコーチ契約し、ツアーコーチとして世界中を転戦。2010年からは、指導者養成や、より広く普及活動に力を入れて活動。2015年からは、その活動の場所をインド、中国などの海外に広めテニス普及に務めて活動中。ツアープロのコーチはもちろんのこと、プロコーチに頼まれて「コーチのコーチ」も実施している。

STAFF

執筆・構成　井山夏生（井山編集堂）
本文・カバーデザイン　松浦竜矢
写真・帯　photo by Getty Images
図版・イラスト作成　庄司猛
DTP オペレーション　株式会社ライブ
編集　小室聡(株式会社カンゼン)

テニス超観戦術

発行日　2020 年 2 月 27 日　初版

著　者　神谷 勝則

発行人　坪井 義哉
発行所　株式会社カンゼン
〒 101-0021
東京都千代田区外神田 2-7-1 開花ビル
TEL 03（5295）7723
FAX 03（5295）7725
http://www.kanzen.jp/
郵便為替 00150-7-130339

印刷・製本　株式会社シナノ

ISBN 978-4-86255-541-0
Printed in Japan

定価はカバーに表示してあります。

ご意見、ご感想に関しましては、kanso@kanzen.jp まで E メールにてお寄せ下さい。

お待ちしております。